JN059538

CYBER SECURITY

実務解説
サイバー
セキュリティ法

八雲法律事務所 編著

中央経済社

は じ め に

　昨今，連日のように「サイバー攻撃」や「サイバーセキュリティ」に関する
ニュースが報道されている。これは，サイバーリスクがもはや企業にとって看
過できないほどの深刻なリスクになっているためと思われる。

　筆者は企業の役員研修において「企業におけるサイバーリスクというと何を
思い浮かべますか？」という質問をするようにしているが，「個人情報の漏えい」という回答を得ることが多い。これは，2014年に発生した大手通信教育事
業者からの個人データの漏えい事件や2015年に発生した日本年金機構からの個
人情報漏えい事件に代表されるような個人情報の漏えい事案が印象に残ってい
るためと思われる。こうした個人情報の漏えい事案は，漏えいした個人情報の
主体から精神的損害に係る損害賠償請求がなされたり，個人情報の管理体制に
ついてレピュテーションが下がったりといったリスクはあるものの，事業を中
断するほどの深刻度ではなかったといえよう。

　ところが，昨今のサイバーリスクは事業継続を脅かす，すなわち事業継続の
中断を引き起こすほどのリスクにその深刻度が変容している。

　その原因の１つはDXの推進に伴う事業基盤のデジタル化である。デジタル
化した部分はすべからく攻撃者による「Entry Point」または「Attack Surface」
となりうる。

　もう１つの原因は，サイバー攻撃の進化である。サイバー攻撃の中でも昨今
話題のランサムウェア攻撃は，電子ファイルの暗号化を引き起こして当該電子
ファイルを利用できなくさせる。その結果，電子ファイルに依拠する事業は中
断に追い込まれることとなる。たとえば，工場制御システムを構成する電子
ファイルが暗号化されると当該システムが停止するため，製造・販売業務の中
断を余儀なくされる。送金システムを構成する電子ファイルが暗号化されると
金融サービスが中断に追い込まれることになりかねない。実際に，2021年10月
に徳島県つるぎ町の町立半田病院で起きたランサムウェア攻撃事案の報告書に
おいて，「サイバー攻撃を受け，具体的にはランサムウェアに感染し，電子カ
ルテ等，病院内のデータが暗号化され，利用不能になり，その後２か月間に及

んで，治療行為を含む正常な病院業務が滞った」と記載されている。まさにサイバーリスクにより，医療サービスという事業の継続が中断に追い込まれた例といえよう。事業継続を脅かすリスクという点でいえば，地震や台風といった自然災害と同じレベルのリスクともいえる。

こうしたサイバーリスクの変容に伴い，企業におけるサイバーリスクの捉え方にも変化を見て取れる。2022年12月8日付日本経済新聞の報道によると，東証プライム上場企業のうち，93％の企業が有価証券報告書においてサイバーリスクを記載するようになったとのことである。企業がサイバーリスクを重大なコーポレートリスクとして認識していることの現れといえる。

企業は，こうした事業継続を脅かすサイバーリスクに対していかに対応すべきか。

残念ながら，サイバーリスクは比較的新しい事象であるためか，確立されたベストプラクティスはまだ多くない。むしろ，技術者，法律家，コンサルタント，学者，制度設計者などサイバーセキュリティに関わる専門家がベストプラクティスを確立する過程にある分野といえる。

当事務所は，サイバーセキュリティを専門としており，サイバー攻撃を受けた企業の有事対応支援および平時におけるサイバーセキュリティ体制構築支援を専門に扱っている。

本書は，当事務所の実務経験を踏まえた知見を可能な限り体系的に整理したものである。

本書が企業のサイバーセキュリティ担当者が手に取るべき実務書となり，かつ，今後のベストプラクティス形成の一助となれば幸甚である。

2023年11月

筆者代表

山岡裕明

目　次

第4章　インシデント別の対応マニュアル 163

凡　例

【法令の略称】

略称	正式名称
独占禁止法	私的独占の禁止及び公正取引の確保に関する法律（昭和22年法律第54号）
個情法	個人情報の保護に関する法律（平成15年法律第57号）
個情法施行規則	個人情報の保護に関する法律施行規則（平成28年個人情報保護委員会規則第3号）

【関係文書の略称】

略称	正式名称
個情法ガイドライン（通則編）	個人情報保護委員会「個人情報の保護に関する法律についてのガイドライン（通則編）」（平成28年11月，令和4年9月一部改正）
個情法QA	個人情報保護委員会「「個人情報の保護に関する法律についてのガイドライン」に関するQ&A」（平成29年2月16日，令和5年5月更新）
マイナンバーQA	「特定個人情報の適正な取扱いに関するガイドライン（事業者編）」及び「（別冊）金融業務における特定個人情報の適正な取扱いに関するガイドライン」に関するQ&A（平成26年12月，令和4年4月更新）

【その他組織等の略称】

略称	正式名称
IPA	独立行政法人情報処理推進機構
JPCERT/CC	一般社団法人JPCERTコーディネーションセンター

第 *1* 章

サイバーインシデント
レスポンスの全体像

第*1*　サイバーインシデントレスポンスの概要

　企業がサイバー攻撃を受けると，被害拡大を防ぎ1日でも早い業務復旧を目指した対応を進めることになる。これをサイバーインシデントレスポンス（以下「インシデントレスポンス」という）という。

　インシデントレスポンスの具体的な内容としては，概略として①発見・報告，②初動対応，③調査，④通知・報告・公表等，⑤抑制措置と復旧，⑥事後対応という段階的な対応となる[1]。

　①の発見・報告フェーズにおいては，サイバー攻撃の被害を発見して把握する。発見した時点で被害が現在進行形で拡大していることが多く，速やかな被害実態の把握と内部の情報連携が被害拡大防止の要となる。被害を発見した場合，その時点において明らかとなった情報を担当部署に対して速やかに報告して，迅速にインシデントレスポンスを開始することとなる。

　②の初動対応フェーズにおいて最も重要なのは被害の封じ込めである。たとえば，端末から端末へ感染が拡大するのを防ぐために被害端末をネットワークから切り離す。そのほか，対策本部の設置，フォレンジック調査会社の選定も初動対応として速やかに進めることになる。

　③の調査フェーズでは，いわゆるフォレンジック調査を実施することとなる。フォレンジック調査により，侵入経路の特定，継続的な侵入を防ぐためのバックドアの検出，データの窃取の有無や範囲の特定といったことが期待される。また，フォレンジック調査により判明する事故原因・被害範囲に係る情報は，対外公表やステークホルダーへの説明にあたって主要事項となる。さらに再発防止策の策定にあたっても，事故原因・被害範囲のフォレンジック調査が不十

1　IPA「情報漏えい発生時の対応ポイント集」(https://www.ipa.go.jp/security/guide/ps6vr70000007pkg-att/rouei_taiou.pdf)

分だと最適な再発防止策とはならず，再度の被害を引き起こしかねない。

　このように事故原因・被害範囲に係るフォレンジック調査の結果は，インシデントレスポンスの多くのフェーズに関わってくるため，その重要性は極めて高い。

　④の通知・報告・公表等フェーズでは，サイバーインシデントを対外的に発信する。インシデント直後では事故原因や被害範囲の見通しがつかないことが多い。また，個情法上の報告・通知義務，有価証券上場規程上の適時開示，機密保持契約上の報告義務等，このフェーズで留意すべき規制は多い。そうした状況下において，どのような情報を，誰に，いつ発信するかについて，非常に悩ましく事案ごとのきめ細やかな対応が必要となる。

　⑤の抑制措置と復旧フェーズでは，被害の拡大を防ぎつつ事業再開に向けた対応をとることとなる。たとえば，ランサムウェア攻撃の場合，暗号化されたパソコンを初期化して業務利用に戻したり，業務用システムを再稼働させたりすることである。

　⑥の事後対応のフェーズでは，再発防止策の実施が重要となる。たとえば，ランサムウェアによるサイバー攻撃については，繰り返し攻撃を受けることが報告されている（**第2章第2の3「再発防止に係るサイバーセキュリティ体制再構築義務」**参照）。繰り返し同種のサイバー攻撃を受けないためにも③のフォレンジック調査の結果を踏まえて適切な再発防止策を策定して実施することとなる。

　以上がインシデントレスポンスの概要であるが，実務上はさらにタスクが複雑化しており，留意すべき事項も多い。

　当事務所では，図1－1のようなTo Doリストを作成し，初回会議の際に被害企業の担当者に提供の上，インシデントレスポンスの全体像を案内している。

　第2以降では，各フェーズにおける実務上の留意点をさらに詳細に紹介する。

図1-1　インシデント

インシデントレスポンス　To Do　リスト

時系列			202●年1月1日	1月3日	
対内部	初動対応		□被害端末のネットワークからの隔離 □認証情報の変更 □ログ保全 □バックアップの有無の確認 □その他フォレンジック調査業者の指示対応		
	フォレンジック調査		□調査会社選定 □調査範囲策定のためのヒアリング設定	□ヒアリング □契約締結	□調査着手
	社内への情報共有		□情報共有方法 (mail, fax, chat等) の確保 □経営層へ共有すべき内容及び方法の確認 □従業員へ共有すべき内容及び方法の確認		
	復旧作業		□ (ランサムウェア事業) バックアップデータの有無及び範囲の確認	□バックアップからの復旧着手	
	再発防止策				
対外部	個人情報保護法対応	PPC	□速報提出 (3日～5日以内)		
		本人			
	海外法規制対応	GDPR	□報告先の確認 □報告 (72時間以内)		
	適時開示		□東証への第一報 □適時開示の要否及び公表内容の検討	□適時開示	
	警察		□被害報告		
	対攻撃者		□漏えいデータの有無及び範囲を確認するためダークウェブモニタリングを実施		
	取引先		□機密保持契約上の報告義務の有無を確認	□報告義務がある場合は報告	
	自主公表		□HPでの第一報掲載		

レスポンスTo Doリスト

<table>
<tr><td></td><td></td><td></td><td></td></tr>
<tr><td></td><td></td><td></td><td></td></tr>
<tr><td></td><td>□調査報告会</td><td>□調査報告書受領</td><td></td></tr>
<tr><td></td><td></td><td>□漏えい対象者への通知</td><td></td></tr>
<tr><td></td><td></td><td>□バックアップからの復旧完了</td><td></td></tr>
<tr><td></td><td colspan="2">□フォレンジック調査で判明したインシデント原因を踏まえた再発防止策の策定及び実施</td><td></td></tr>
<tr><td></td><td></td><td>□確報提出
（60日以内）</td><td>□追加質問対応</td></tr>
<tr><td>□コールセンター準備
□通知文，FAQ準備</td><td>□本人通知（事態の状況に応じて速やかに）</td><td colspan="2">□本人からの個別問い合わせ対応</td></tr>
<tr><td colspan="4">□追加照会への対応</td></tr>
<tr><td></td><td></td><td></td><td></td></tr>
<tr><td></td><td></td><td></td><td></td></tr>
<tr><td></td><td></td><td></td><td></td></tr>
<tr><td></td><td>□必要に応じて任意の個別報告</td><td></td><td></td></tr>
<tr><td></td><td>□HPでの続報掲載</td><td></td><td></td></tr>
</table>

第2 各フェーズごとの留意点

1　発見・報告フェーズ

　サイバー攻撃の発見は被害組織内部での検知と外部からの通報の2通り存在する。

　たとえば，暗号化を伴うランサムウェア攻撃では，ネットワーク内のデータが利用不能となるので組織内部で検知することが多い。他方で，ECサイトのクレジットカード情報漏えい事案においては，攻撃者は潜入したネットワーク内で秘密裏にデータを窃取し続けるため，被害企業としては発見しづらく，窃取されたクレジットカード情報が不正使用され，それを検出した外部のクレジットカード会社からの通報で明らかになることが多い。

　内部・外部いずれの発見の場合においても，担当部署に対して速やかに報告を実施して，迅速にインシデントレスポンスを開始することとなる。

　もっとも，実務上，この報告は必ずしも容易ではないことが多い。メールに添付された不審なファイルを開封してしまった従業員にとってそれがサイバー攻撃だと気づかないことがあるし，仮にウイルスソフトによる警告が表示された場合であっても自分の責任問題になるのを避けるため報告を逡巡してしまうことも想像にかたくない。また外部からの通報の場合であっても，いきなり警察やクレジットカード会社といった外部組織から通報を受けたとなるとその信用性が定かでないため，いったんは様子見という決定をすることも少なからず散見される。

　もっとも，後述のとおりサイバー攻撃の被害は拡大するため，1秒でも早い対応が被害拡大の防止につながる。

　したがって，サイバー攻撃の端緒を発見した場合には速やかに担当部署に報告を実施するというルールの制定および当該ルールの周知徹底が重要となる。

2　初動対応フェーズ

(1)　技術上の初動対応

①　感染端末の隔離

　多くのサイバー攻撃においては，被害が端末から端末へと拡大する。そのため，パソコンやサーバをネットワークから隔離することが初動対応として必要となる。この隔離は無線・有線双方の観点から徹底が必要であり，たとえば，有線のネットワークを抜いてもWi-Fi接続が残りうることに注意が必要である。

②　ログの保全

　フォレンジック調査においてはログを収集して調査することになる。たとえば，図1−2で示すファイルサーバのアクセスログには，どのファイルが，いつ，どのアカウントからアクセスされ，かつどのようなアクティビティ（閲覧，コピー，編集など）がなされたかが記録される。

図1−2　ファイルサーバのアクセスログの一例

日付 ↓	IP アドレス	ユーザー	アクティビティ	アイテム
2023年3月25日 17:46			ファイルのアクセス	

　このほかにも，いつ，どのIPアドレスから，どれだけの量の通信があったかを示すネットワークログ，パソコン上でどのような操作（たとえば，ファイル操作全般，アプリケーションのインストール・実行等）を行ったかの記録を示すイベントログ等，IT環境には多種多様なログが存在する。

　これらのログを収集して解析することで，攻撃者がいつ・どこから侵入し，ネットワーク内をどのようなプロセスで探索し，どのデータを窃取したかといった被害実態を明らかにする。交通事故の事案でたとえていえば，車両に搭載されたドライブレコーダーの映像や交差点付近の監視カメラの映像を収集し

て客観的・多角的に交通事故の原因を明らかにするようなものである。

　このログが適切に保存されていないと，いくら時間と費用をかけてフォレンジック調査をしたところで判明する事実は限定的とならざるをえない。これも交通事故の事案でたとえるとわかりやすいが，ドライブレコーダーや監視カメラの記録という客観的な記録がないと当事者の主観的な記憶に頼らざるをえず，事実関係の正確な把握が大きく減退する。

　実務上，そもそもログを取得する設定がなかったり，担当者が被害パソコンを慌てて初期化したためログが消去されてしまったり，ログの保存期間が短く設定されていたことが原因でフォレンジック調査時にはすでにログが自動消去されてしまったりということが少なからず散見される。

　そのため，ログを適切に保全することが重要となり，昨今ではログを自動的に収集して一定期間保存するSIEM（Security Information and Event Management）と呼ばれる製品を活用する事例が増えている。

③　認証情報の変更または多要素認証の導入

　サイバー攻撃においては，攻撃者がネットワークへのアクセス用の認証情報（ID・パスワードをいう。以下同じ）を事前に入手していたり，攻撃の過程においてネットワーク内の端末に保存された別の認証情報を取得したりすることがある。そのため，攻撃者の侵入経路を塞いだり，被害拡大を予防する観点からは，速やかに認証情報を変更したり，多要素認証を導入したりすることも検討に値する。

④　バックアップの有無および範囲の確認

　これはランサムウェア攻撃特有の対応事項であるが，ランサムウェア攻撃においては電子ファイルが暗号化される。この暗号化されたファイルについて，バックアップがあればバックアップされたデータをもって速やかに復旧することが可能となる。また，バックアップによる復旧可能性が判明すれば，少なくとも暗号化を解くために攻撃者に身代金を支払うという選択肢も消えることとなる。

　ただし，バックアップ用のサーバもランサムウェアによる暗号化被害を受け

ることがあるし，バックアップの取り方により被害から遡って前日の時点の
データが保存されていることもあれば，1カ月前の時点のデータしか保存され
ていないこともある。

　そこで，初動対応時には，バックアップデータが被害を免れているかを確認
するとともに，いつまでの時点のバックアップデータが残存しているかの確認
を急ぐこととなる。

(2)　組織上の初動対応

①　対策チームの立ち上げ

　企業においては，地震や台風などの自然災害に備えて災害対策マニュアルを
平時から規定しておき，有事の際に同マニュアルに沿って災害対策チームを立
ち上げることは一般的といえる。

　それと同様にサイバーリスクについても，サイバーリスクに備えたBCP（サ
イバーリスクBCPの詳細は**第2章第2の2**を参照されたい）を平時から規定し
て，有事の際には同BCPに沿ってサイバーインシデント対応の責任を負う対策
チームを立ち上げることが望ましい。

　図1-1からわかるとおり，サイバーインシデントの際には，タスクが非常
に多く複雑となるため被害企業内の多数の関係者の協力が必要となる。たとえ
ば，技術的な対応に必要な情報システム部門やセキュリティ部門，個情法対
応・紛争対応に必要な法務部門，対外公表に必要な広報部門，個別取引先への
説明対応に必要な営業部門，そしてこれらの関係者を取りまとめる責任者と
いった具合である。

　関係者が多くなるため，タスクの譲り合いが発生してタスクの未達が発生し
たり，調整に過度に時間を要したりといった事態が発生し，その結果として，
被害が拡大したり事業再開が遅れたりすることになりかねない。

　そこで，サイバーインシデント対応の責任を明確にするために，CSIRT
（Computer Security Incident Response Team）といった専門の対策チームを
立ち上げることが重要となる。

②　外部専門機関の選定

　地震や台風などの自然災害については社内に一定のノウハウが蓄積しているので社内のリソースだけで対応可能な領域は広いと思われる。他方で，サイバーインシデントは比較的新しい事象であるため社内のリソースだけでは対応困難であることが多い。

　そのため，多くの被害企業においては，外部専門家のサポートを適宜得つつ，ソフトランディングに向けてインシデントレスポンスを進めることになる。

　たとえば，フォレンジック調査を実施するセキュリティベンダー，個情法対応や紛争対応を代理する法律事務所，外部からの問い合わせに対応するコールセンターなどである。

　こうした外部専門機関をインシデント発覚後に速やかに選定することも初動対応として重要である。

　なお，サイバーインシデントが同時多発的に発生する場合には，有事の際に初めて問い合わせをしても外部専門機関を確保することが困難となることがある。外部専門機関が別のサイバーインシデント対応に追われてリソースが足りなくなるからである。実際に，2022年2月から6月頃にかけてEmotet（Emotetの詳細は**第4章第2**を参照されたい）による被害事案が急増した際には，一時的に外部専門機関の確保が困難となることがあった。こうした事態に備えて平時から外部専門機関とのチャネルを確保して有事の際に優先的に対応してもらえるような体制整備が重要となる。

3　フォレンジック調査フェーズ

(1)　調査会社の選定

　フォレンジック調査は，直接的にはサイバーインシデントの原因を究明するための調査である。もっとも，ステークホルダーへの原因の説明，効果的な再発防止策の策定，法的紛争に発展した場合の主張・立証など，様々なフェーズにおいてもフォレンジック調査の結果が必要となる。

　また，個情法上必要となる個人情報保護委員会への報告の対象に「原因」

（個情法26条1項本文，同法施行規則8条1項4号）が含まれるため，同法対応にあたってもフォレンジック調査は重要となる。

そのため，フォレンジック調査はインシデントレスポンスにおいて，最も重要性の高い対応の1つである。

フォレンジック調査にあたっては，適切なフォレンジック調査を実施できる能力がある調査会社を選定する必要があることは当然であるが[2]，以下のとおり，サイバーインシデントの内容や会社の事業内容，組織構成等によって対応可能な調査会社が限定されることがある点にも留意する必要がある。

①　ECサイトに関連するインシデント

会社においてECサイトに関する事業を行っており，ECサイトからのクレジットカード情報漏えいが疑われる場合には，ECサイトに関するシステムの調査を実施する必要がある。この場合において，決済代行会社等から「PFI（PCI Forensic Investigator）」として認定された調査会社による調査を実施することを求められる（PFIの詳細については，**第4章第3**を参照されたい）。

実際の事案において，ECサイト運営会社がPFI以外のフォレンジックベンダーによる調査を実施したところ，決済代行会社からカード決済の再開にはPFIの調査が必須であるとして再度PFIによる調査の実施を余儀なくされたケースもある。この場合，フォレンジック調査の費用が二重にかかることに加え，調査期間も長期とならざるをえないため，ECサイトにおけるカード決済の再開が大幅に遅れることになる。

そのため，クレジットカード決済が関係するECサイトにおける調査では，原則としてPFIとして認定された調査会社による調査を実施する必要がある点には留意する必要がある。

2　IPAより経済産業省が策定した「情報セキュリティサービス基準」に適合すると認められた事業者の情報セキュリティサービスが公開されており，フォレンジック調査の依頼先を検討する上での参考となる。
IPA「情報セキュリティサービス基準適合サービスリスト」（2023年9月22日）
https://www.ipa.go.jp/security/service_list.html

②　海外対応が必要なインシデント

　会社で生じたサイバーインシデントが国外のグループ会社を経由したサイバー攻撃に起因するものである場合や，海外支店においてサイバーインシデントが発生した場合等においては，詳細な原因調査等のために，国内のみならず国外のネットワークやシステムの調査が必要となることがある。

　調査方法によっては，オンラインでログを収集して調査することも可能であるため，セキュリティベンダーが必ずしも現地に赴く必要はないものの，現地従業員に対するログの保全・収集方法や調査手法の案内は日本語以外で行う必要が生ずる。

　そこで，このような事案においては，グローバルなインシデントについて対応実績があるセキュリティベンダーを選定する必要がある点に留意が必要である。

(2)　調査範囲，調査手法の検討

　サイバーインシデントが発生した後にフォレンジックベンダーにフォレンジック調査を依頼する際には，どのサーバやパソコンを調査するか，どの程度詳細な調査をするか等の調査範囲や調査手法が問題となる。

　サイバーインシデントの詳細な原因や経緯の把握という点では，不正アクセスやマルウェア感染のおそれのあるサーバーやパソコンのすべてを詳細に調査するということも考えられる。一方で，調査範囲が広がれば広がるほど，調査結果が判明するまで時間を要し，調査費用も高くなる。また，調査をしている間，調査対象端末が使用できないこともあり，調査期間が長くなればなるほど業務再開が遅れるということもある。

　そこで，一度にすべての端末を調査対象とするのではなく，段階的に調査を進めることも一案である。すなわち，まずは重要なサーバ（たとえばActive Directoryサーバ，ファイルサーバ等），VPNやFWのログ等を一次的に調査して，侵入経路や社内での展開の動きを突き止めた上でサイバーインシデント原因や被害範囲をある程度把握する。その上で，詳細な調査をする必要がある場合にはその他の端末についても追加でフォレンジック調査を実施するといった

段階的なアプローチである。

　なお，昨今のフォレンジック調査においては，重要な端末のフォレンジック調査と並行してその他の社内端末にEDRを導入し，各端末内で不審な挙動がないかを監視してマルウェアが潜んでいないかを数カ月間確認するといった対応をとることもある。

(3)　調査結果の検討

　フォレンジック調査が終了すると，調査会社より調査結果報告書（フォレンジックレポートともいう）が提出される。サイバーインシデントの原因や経緯を把握し，ステークホルダーへの説明や効果的な再発防止策の策定などの対応をする上で，調査結果報告書の記載内容が十分であるか，表現上疑義がないかを確認し，疑問点や確認事項がある場合は調査を実施したフォレンジックベンダーに都度確認をすることが重要である。

　調査結果報告書については，被害が及んだ取引先から提出を求められたり，ステークホルダーから提起された損害賠償請求訴訟等において証拠として提出したりすることが想定される。

　そして，調査結果報告書に記載されたサイバーインシデントの原因や情報の漏えいの有無に関する記載は，会社としての責任や第三者の損害の発生の有無を判断する上で大きな意味を持つ。

　こうした観点からも，調査結果報告書は単に受領して終わりではなく，フォレンジックベンダーに対してその専門的・技術的な内容の説明を求めて，被害企業として調査結果報告書の内容を正確に理解する努力が重要となる。

　なお，個人情報保護委員会への報告事案となっているケースでは，個人情報保護委員会から調査結果報告書の提出を求められることが多い。そして，調査結果報告書に再発防止策に関する記載がなされている場合は，当該再発防止策を実施しているか，実施予定はあるかについて個人情報保護委員会から確認されることがある。セキュリティの専門家である調査会社からの推奨事項という点で参考にすべきものでもあるため，再発防止策の策定においては調査結果報告書に記載された再発防止策のいずれを実施するのか，実施する場合にはその実施スケジュールを社内で検討することも重要である。

4　通知・報告・公表等フェーズ

(1)　公表

①　適時開示

　サイバーインシデントに起因して企業に損害が発生する場合には，当該インシデントに起因する損害または業務遂行の過程で生じた損害として損害・損失の内容や今後の見通しを開示することが考えられる。

　特に，上場企業に関しては適時開示（有価証券上場規程402条）を行うか否かの検討が必要になる。上場企業は，剰余金の配当，株式移転，合併の決定を行った場合や災害に起因する損害または業務遂行の過程で生じた損害が発生した場合等においては，有価証券上場規程402条等に基づき，ただちにその内容を開示することとされている。

　サイバーインシデントの発生やそれに伴う意思決定が有価証券上場規程402条に該当するかに関しては，特にバスケット条項（同条2号x）の該当性が問題となる場合が多い。同号xは，「（aから前wまでに掲げる事実のほか，）当該上場会社の運営，業務若しくは財産又は当該上場株券等に関する重要な事実であって投資者の投資判断に著しい影響を及ぼす」事実が発生した場合に適時開示を義務づけることを定めるものである。「投資者の投資判断に著しい影響を及ぼすもの」の該当性については，個別具体的に判断することとされているため[3]，定型的な基準を示すことは困難であるとされている。

　適時開示はインシデントレスポンスにおいて頻出の悩ましい論点である。悩ましい理由の1つは，上記のとおり「上場会社の運営，業務若しくは財産又は当該上場株券等に関する重要な事実であって投資者の投資判断に著しい影響を及ぼす」という基準が曖昧であること，もう1つはサイバーインシデント発生直後においては，同インシデントによる被害の全体像が把握しづらいという点がある。

3　久保幸年『適時開示の理論・実務』（中央経済社，2018年）

そのため，筆者らの実務経験上，サイバーインシデントが発生した場合の適時開示の要否については，被害企業の内部で議論を完結させず，情報漏えいによる責任範囲（取引先，個人データに係る本人，その他），予想される賠償額，開示時期，開示資料の内容，業績への影響について証券取引所の担当者と密に連携を取ってすり合わせをしながら決定していくことが重要である。特に証券取引所の担当者には，認識のずれを防止するため，インシデント認識後速やかに事案の共有を行っておくことが望ましい。

②　任意開示（公表）

ア　概要

　適時開示以外の場面においてもサイバーインシデントが発生した企業は，場合によっては任意の公表を行うことが想定される。公表の手段としては，自社ホームページに掲載することが一般的である。

　任意の公表文については，必須の記載事項があるわけではない。記載事項の検討にあたっては，説明責任の観点からステークホルダーにとって必要な情報が得られる内容であるかを考慮することが重要である。

　公表文の内容については，実務上，他社の公表事例等を参考に作成することが有用である。もっとも，サイバー攻撃の種類，被害の内容，ステークホルダーの範囲は被害企業ごとに異なるので，被害の具体的事情に基づいて適宜公表文の内容を調整することが望ましい。

　たとえば，ランサムウェア攻撃の事案において，暗号化被害のみの場合と情報漏えいを伴う場合（二重の脅迫型という。詳細は**第4章第1**を参照されたい）に分かれる。公表時において，暗号化被害のみが判明しているため暗号化被害のみに言及した公表文を用意しても情報として不十分なことがある。公表文を見るステークホルダーとしては自己に関する個人情報の漏えいの有無についても関心が高い。こうした関心に配慮して，暗号化被害への言及だけではなく，情報漏えいの被害はその時点において確認されていないことも記載することが考えられる。また，ECサイトにおけるクレジットカード情報漏えい事案において，ECサイト以外の実店舗でも商品を販売している場合は，ECサイトで商品を購入した顧客に加えて実店舗においてクレジットカードを用いて商品

を購入した顧客からの問い合わせが多数寄せられる。そのため，公表文において実店舗での購入者は漏えいの対象者に含まれていない旨の説明を記載することが望ましいといえる。

　また，公表文とともにFAQを掲載する事例がある。これは，事案の概要を公表文よりも詳細に開示するという点で，ステークホルダーに寄り添った対応と評価できるし，ステークホルダーからの問い合わせ件数を抑えるという副次的な効果も期待できる。

　なお，サイバーインシデント発生時点のセキュリティ体制や実施予定の再発防止策など自社のセキュリティ内容に関係する情報については，それらを開示することで今後のサイバー攻撃につながりかねないかどうかの視点も考慮すべきである。

　このように公表文には期待される反応や波及効果を慎重に検討の上，過不足ない情報を記載することが求められる。

イ　公表のタイミング

　公表のタイミングについても検討が必要である。迅速性を重視するあまり，十分な調査が完了していない段階で事案を公表してしまった場合，後に公表事実と異なった事実が判明してしまうことがある。この場合，事後的に虚偽や隠ぺいという批判を受けたり，ステークホルダーに不安や混乱を招いたという批判を受けたりすることが想定される。

　他方，フォレンジック調査の結果を待って公表する場合，サイバーインシデントの発覚から公表までの間隔が空きすぎるため，ステークホルダーからは公表までの時間が遅すぎるといった批判を受けることが想定される。

　上記のとおりサイバーインシデント発覚後速やかに公表する場合とフォレンジック調査結果を待って公表する場合とで一長一短があることを前提として，実務経験上推奨できるのはサイバーインシデントを覚知した初期段階でまず初報として被害の概要を記載した公表文をホームページ上で掲載し，新たな事実が判明し次第，順次追加公表するという段階的な公表方法である。迅速に初報を出すことで，ステークホルダーに対して二次被害の防止にあたっての自衛措置を取る機会を提供できる。そのことで事後的にステークホルダーから損害賠償請求を受ける場合の損害額を限定できるという法的な副次的効果も期待でき

る。また，初報を掲載することにより，公表までの時間が遅すぎるといった批判を一定程度抑制することが期待できる。

ウ　SNSアカウントでの対応

　企業は，自社サービスや製品のプロモーション用にSNSのアカウントを利用している場合がある。サイバーインシデント発生時の公表の手段としては上述のとおり自社ホームページに公表文を掲載することが一般的であるが，平時からSNSアカウントを通じて頻繁に情報を発信している場合，当該SNSアカウントでの公表文の投稿も検討対象となる。自社ホームページに掲載するよりもSNSアカウントに掲載したほうが多くのユーザーに被害事実を伝えることができることもあるからである。

　ただし，SNSの中でも特にX（旧Twitter）は，拡散性が高く，同サービスのアカウントでの対応に関しては，炎上につながりやすいという面があるため，Xでの発信の要否およびその内容について十分な注意が必要である。

　また，公表を行った企業がSNSアカウントを運営している場合，当該アカウント宛てにサイバーインシデントに関する質問やコメントがなされる事態が想定される。基本的には，これらの質問やコメントに対する回答は他のユーザーも閲覧することが可能であり，その拡散性から慎重な対応が求められるため，SNSアカウントでの個別の質問やコメントに対する回答は避けたほうがよい。そのため，事案の公表を行う発信においては，当該アカウントに対する質問やコメントには回答できない旨明記しておくことや，あらかじめ他のユーザーがコメントできない設定にしておく等の対応が考えられる。

　さらに，サイバーインシデントの公表の直前直後にプロモーション用の広告をSNSアカウントを通じて発信する場合，不誠実な対応であるとしてユーザーからの批判を招くことがあるので注意が必要である。

　このように，SNSアカウントの公表の実施（不実施）に際しては，上記のような考慮が必要となるため，公表の際には，SNS担当部署とは公表の内容とスケジュール感や，SNS上での質問への対応方針について十分すり合わせておく必要がある。

エ　個情法上の本人通知の代替措置としての公表

　公表については，個情法の通知の代替措置としての機能も存在する。公表に

よって代替できる場合や，公表文に記載が求められる内容は同法によって定められている。こちらについては後述(3)「ステークホルダー対応」の部分で詳述する。

(2)　当局対応

①　個人情報保護委員会への報告

　サイバー攻撃を受けた場合，事業者が保有する個人データ（個情法16条3項）の漏えい，滅失もしくは毀損（以下「漏えい等」という）が発生し，または発生したおそれがある事態が生じることが多い。

　令和2年個情法改正により，個人情報取扱事業者は，個情法に定める一定の個人データの漏えい等が発生し，または発生したおそれがある事態が生じた場合，個人情報保護委員会へ報告する法的義務を負うことになった。個人情報保護委員会へ報告を行う際には，次に述べる事項に留意する必要がある（個情法に基づく本人通知については後記(3)「ステークホルダー対応」を参照）。

ア　報告対象事態

　個人情報取扱事業者が，原則として[4]個人情報保護委員会へ報告をしなければならないのは，次の①から④までに掲げる事態（以下「報告対象事態」という）のいずれかを知ったときである（個情法26条1項本文，同法施行規則7条）。

---

①　要配慮個人情報が含まれる個人データの漏えい等が発生し，または発生したおそれがある事態

②　不正に利用されることにより財産的被害が生じるおそれがある個人データの漏えい等が発生し，または発生したおそれがある事態

③　不正の目的をもって行われたおそれがある個人データの漏えい等が発生し，または発生したおそれがある事態

④　個人データに係る本人の数が千人を超える漏えい等が発生し，または発生し

4　①から④の報告対象事態のいずれにおいても，「高度な暗号化その他の個人の権利利益を保護するために必要な措置を講じた個人データ」については，漏えい等報告は不要とされている（個情法ガイドライン（通則編）3-5-3-1）。

> たおそれがある事態

　サイバー攻撃では，攻撃者に不正な目的があることから，サイバー攻撃事案は「③不正の目的をもって行われたおそれがある個人データの漏えい等が発生し，または発生したおそれがある事態」に該当する。また，サイバー攻撃の中でもECサイトのクレジットカード情報の漏えい事案は，クレジットカード情報の漏えいが生じ，クレジットカード情報の不正利用またはそのおそれが生じることから，「②不正に利用されることにより財産的被害が生じるおそれがある個人データの漏えい等が発生し，または発生したおそれがある事態」にも該当する。

　個情法ガイドラインでは，個人情報保護委員会への報告を要する事例の例が示されている（個情法ガイドライン（通則編）3-5-3-1）。サイバー攻撃との関係で特に関連性の高いと思われる例を次に示す。

（②の報告対象事態関係）
・ECサイトからクレジットカード番号を含む個人データが漏えいした場合
・送金や決済機能のあるウェブサービスのログインIDとパスワードの組み合わせを含む個人データが漏えいした場合

（③の報告対象事態関係）
・不正アクセスにより個人データが漏えいした場合（※）
・ランサムウェア等により個人データが暗号化され，復元できなくなった場合
（※）サイバー攻撃の事案について，「漏えい」が発生したおそれがある事態に該当しうる事例としては，たとえば，次の㋐から㋓が考えられる。
㋐　個人データを格納しているサーバや，当該サーバにアクセス権限を有する端末において外部からの不正アクセスによりデータが窃取された痕跡が認められた場合
㋑　個人データを格納しているサーバや，当該サーバにアクセス権限を有する端末において，情報を窃取する振る舞いが判明しているマルウェアの感染が確認された場合

㈦　マルウェアに感染したコンピュータに不正な指令を送り，制御するサーバ
　　（C&Cサーバ）が使用しているものとして知られているIPアドレス・FQDN
　　（Fully Qualified Domain Nameの略。サブドメイン名およびドメイン名
　　からなる文字列であり，ネットワーク上のコンピュータ（サーバ等）を特定
　　するもの）への通信が確認された場合
㈧　不正検知を行う公的機関，セキュリティ・サービス・プロバイダ，専門家等
　　の第三者から，漏えいのおそれについて，一定の根拠に基づく連絡を受けた
　　場合

　報告対象事態について留意を要するのは，報告対象事態に漏えい等が（実際
に）発生した場合に限らず，漏えい等の発生した「おそれ」がある場合が含ま
れることである。報告対象事態における「おそれ」については，その時点で判
明している事実関係に基づいて個別の事案ごとに蓋然性を考慮して判断するこ
とになるが，その時点で判明している事実関係からして，漏えい等が疑われる
ものの漏えい等が生じた確証がない場合がこれに該当することになる（個情法
ガイドライン（通則編）3-5-3-1）。要するに，漏えい等が発生した確証はない
が漏えい等が疑われる場合には，漏えい等の発生した「おそれ」があると見る
ことになる。
　サイバー攻撃を受けた後の初動対応の段階では，漏えい等が生じた確証はな
いとしても，漏えい等の疑いを否定できない場合が多い。たとえば，Emotet
事案（第4章第2参照）において，メール添付の不審なファイルを開封したと
ころ，アンチウイルスソフトが警告を表示したとする。同ソフトが警告を表示
した時点でコンピュータウイルスに感染させるサイバー攻撃を受けた可能性は
高いが，そのウイルスはデータ窃取機能を持つものなのか，仮に同機能を持つ
としても外部にデータを送信する前にウイルスソフトが防いでくれたのか判然
としない。この場合も上記の「漏えい等が発生した確証はないが漏えい等が疑
われる場合」として報告対象となりうる。
　したがって，サイバー攻撃を受けた場合，被害企業は，初動対応の段階にお
いて，報告対象事態が生じたものとして，個人情報保護委員会への報告を実施
するのが安全である。

また，ランサムウェア感染事案においては，ランサムウェアによって個人データが暗号化された場合，個人データの「毀損」（個人データの内容が意図しない形で変更されることや，内容を保ちつつも利用不能な状態となること）があったものとして報告対象事態に該当し，個人情報保護委員会への報告義務が発生することにも留意が必要である（二重の脅迫型により暗号化と同時に個人データが窃取された場合には，個人データの「漏えい」にも該当する）。

ただし，バックアップを取っていて暗号化された個人データの内容と同じデータが保管されている場合や，暗号化されたデータを復元できた場合，個人データの「毀損」には該当しない（個情法ガイドライン（通則編）3-5-1-3）。

イ　報告期限

個人情報保護委員会への報告は，「速報」（個情法施行規則8条1項，個情法ガイドライン（通則編）3-5-3-3）と「確報」（個情法施行規則8条2項，個情法ガイドライン（通則編）3-5-3-4）の2種類に分けられる。

いずれも報告対象事態が発生したことを個人情報取扱事業者が知った[5]時点を起算点として，速報については概ね3〜5日以内，確報については原則として30日以内に個人情報取扱事業者は個人情報保護委員会に報告を行う義務がある。ただし，不正アクセス等のサイバー攻撃を受けた事案（前記ア③の報告対象事態「不正の目的をもって行われたおそれがある個人データの漏えい等が発生し，または発生したおそれがある事態」）については，確報期限は60日以内とされている。このように，個人情報保護委員会への報告には期限がある点に留意を要する。

個人情報保護委員会への報告を怠った場合，個人情報保護委員会による勧告や命令がなされ（個情法148条1項・2項），個人情報保護委員会による命令に違反した場合，公表（同条4項），懲役および罰金（同法178条，184条）の対象となる。

なお，前述のとおり，速報の報告期限は相当にタイト（概ね3〜5日以内）であるため期限を徒過しないように留意を要する。速報では，その（速報）時

5　報告期限の起算点となる「知った」時点については，個別の事案ごとに判断されるが，事業者（個人情報取扱事業者）が法人である場合には，いずれかの部署が当該事態を知った時点を基準とする（個情法ガイドライン（通則編）3-5-3-3，3-5-3-4）。

点で把握している内容を報告すれば足りる。サイバー攻撃を受けた事案においては，初動対応段階ではフォレンジック調査等の専門的な調査の実施前であることから，実務上，速報においては，事案に関するほとんどの項目において「調査中」，「（現時点では）不明」，「調査結果を踏まえて検討」など暫定的な記載をして提出する場合が多い。報告内容よりも期限内に報告することを優先すべきといえる。

ウ　報告事項・報告方法

　個情法施行規則8条1項各号では，次の事項が個人情報保護委員会への報告事項とされている（図1−3参照）。

図1−3　報告内容

報告期限			報告内容
個人情報保護委員会等	速報	漏えい等の発覚後，速やかに報告 ※概ね3〜5日以内	その時点で把握している事項
	確報	30日以内 （サイバー攻撃による場合は60日以内）	(1)概要 (2)漏えい等が発生し，または発生したおそれがある個人データの項目 (3)漏えい等が発生し，または発生したおそれがある個人データに係る本人の数 (4)原因 (5)二次被害またはそのおそれの有無およびその内容 (6)本人への対応の実施状況 (7)公表の実施状況 (8)再発防止のための措置 (9)その他参考となる事項

　個人情報保護委員会への報告（速報および確報）については，上記(1)から(9)までに掲げる事項を，個人情報保護委員会のホームページの報告フォームに入力する方法により行う（図1−4参照）[6]。

6　個人情報保護委員会が個情法150条1項の規定により報告を受理する権限を事業所管大臣に委任している場合には，当該事業所管大臣に報告することを要する。

図1－4　個人情報保護委員会ウェブサイト[7]

　速報時点での報告内容については，イにおいて前述したとおり，初期的な段階であるため，報告をしようとする時点において把握している内容を報告すれば足りる。これに対し，確報においては，前掲図1－3（報告内容）記載の(1)から(9)までに掲げる事項についてすべて報告をすることが求められる。仮に確報を行う時点（報告対象事態を知った日から30日以内または60日以内）において，合理的努力を尽くした上で，なおすべての事項を報告できない場合には，その（確報）時点で把握している内容を報告し，残りの事項が判明次第，報告を追完する必要がある[8]。

　実務上，サイバー攻撃を受けた事案では，個人情報保護委員会へ確報を行った後，個人情報保護委員会の担当者からメール連絡により，フォレンジック調査の調査結果報告書の提出を求められる場合が多い。その上で，個人情報保護委員会の担当者から調査結果報告書の記載内容も踏まえ確報内容についての追

7　https://roueihoukoku.ppc.go.jp/incident/?top=r2.kojindata
8　個情法ガイドライン（通則編）3-5-3-4

加質問がなされる場合がある。追加質問においては，たとえば，当該事案の原因（前掲図１－３「(4)原因」の事項）について，調査結果報告書の原因に関する記載を踏まえ，当該事案の原因の詳細（セキュリティ対策を講じていなかった理由等）について具体的に説明するよう求められることがある。また，再発防止策（前掲図１－３「(8)再発防止のための措置」の事項）について，調査結果報告書に再発防止に関する勧告事項が記載されていることの指摘がなされた上で，調査報告書の勧告事項と確報に記載した「再発防止のための措置」（再発防止策）がどのような対比関係になっているか（調査結果報告書の勧告事項に対応する再発防止策の記載が確報にない場合には，同勧告事項を採用しない理由）を説明するよう求められることがある。個人情報保護委員会への報告（特に確報）を実施するにあたっては，個人情報保護委員会から以上に述べたような追加質問がなされることを想定して準備を進める必要がある。

エ　報告主体

(ア)　個人データの取扱いの委託

　個人情報保護委員会への報告の義務を負う主体は，漏えい等が発生し，または発生したおそれがある個人データを取り扱う個人情報取扱事業者である。個人データの取扱いを委託している場合においては，委託元と委託先の双方が個人データを取り扱っていることになるため，報告対象事態に該当する場合には，原則として委託元と委託先の双方が報告する義務を負う（この場合，委託元および委託先の連名で報告することができる。個情法ガイドライン（通則編）3-5-3-2）。また，委託先が，報告義務を負っている委託元に当該事態が発生したことを通知したときは，委託先は報告義務を免除される（個情法26条１項ただし書，個情法ガイドライン（通則編）3-5-3-5）。

(イ)　クラウドサービス利用

　クラウドサービス提供事業者が，個人データを取り扱わないこととなっている場合において，報告対象となる個人データの漏えい等が発生したときには，クラウドサービスを利用する事業者が報告義務を負う。

　クラウドサービス提供事業者が，個人データを取り扱わないこととなっている場合としては，契約条項によって当該クラウドサービス提供事業者がサーバに保存された個人データを取り扱わない旨が定められており，適切にアクセス

制御を行っている場合等が考えられる（個情法QA7-53）。この場合，クラウドサービス提供事業者は，個情法26条1項に定める報告義務を負わないが，クラウドサービスを利用する事業者が安全管理措置義務および同項の報告義務を負っていることを踏まえて，契約等に基づいてクラウドサービスを利用する事業者に対して通知するなど適切な対応を行うことが求められている（個情法QA6-19）。

②　警察への連絡

　サイバー攻撃を受けた場合において事業者が警察へ被害申告をする法的義務はなく，また，警察へ被害申告をしたとしても不正アクセス等をした犯人の検挙は容易ではない。

　しかしながら，警察へ被害申告を行うことで適切なサポートや情報提供を得られることがある。特に，ランサムウェア攻撃事案では，警察がランサムウェアの暗号を強制解除し，被害企業の暗号化されたデータを元の状態に戻すこと（データの復元）に成功した事例がある[9]。したがって，ランサムウェア攻撃事案では，警察による暗号化されたデータの復元の可能性があることから，警察への暗号化されたデータの復元依頼は極めて有用である。

　また，警察への被害申告の副次的効果として，公表文において警察へ被害申告をした事実を記載することにより，事業者として事後対応を適切に行っていることを示す一事情となる。逆にいえば，多くの公表事例において警察への被害申告の事実が記載されていることから（たとえば「所轄警察署には×年×月×日に被害申告しており，今後捜査にも全面的に協力してまいります」旨の記載など），この事実の記載を欠くと，ステークホルダーから他の事業者が通常行っている事後対応を適切に実施していないと非難を受ける可能性がある。

　したがって，サイバー攻撃を受けた場合，事業者は，所轄の警察署へ速やかに被害申告を行うべきである。

　被害申告の連絡時期については，迅速に事後対応を実施したことを示せるよ

9　「身代金ウイルス，警察庁が暗号解除成功　支払い未然防止」日本経済新聞2022年12月28日（https://www.nikkei.com/article/DGXZQOUE062930W2A201C2000000/）

うに，サイバー攻撃の発覚後，可能な限り早期に行うことが望ましい。

　被害申告の連絡方法については，まず所轄警察署の担当部署（サイバー犯罪対策課など）に電話で連絡をして警察の担当者に被害状況の概要を伝える方法が一般的である。その後，フォレンジック調査の完了など進展があれば，警察の担当者に情報連携を行う。

(3)　ステークホルダー対応

①　個人への対応（個情法の通知）

　令和2年個情法改正により，個人情報取扱事業者は，個情法26条1項本文の報告対象事態に該当する場合（上記(2)を参照），原則として，影響が及んだ個人データに係る本人に対し，一定事項を通知する法的義務を負うこととなった（個情法26条2項本文）。これは，本人に漏えい等の事態の発生を認知させ，自らの権利利益の保護に必要な措置を講じることができるようにするためのものである[10]。本人への通知（および後述の代替措置）を行う際には，特に以下の点に注意を要する。

ア　通知主体

　本人への通知を行う義務を負うのは，報告対象事態の対象となった個人データを取り扱う個人情報取扱事業者である（個情法ガイドライン（通則編）3-5-4-1）。

　個人データの取扱いを委託している場合においては，委託元と委託先の双方が個人データを取り扱っていることになるため，報告対象事態が発生した場合，原則として委託元と委託先の双方が本人への通知を行う義務を負う[11]。ただし，個人情報保護委員会への報告と同様，委託先が通知義務を負う委託元に対し通知をした場合，委託先は本人への通知を行う義務を免れるため，このときは当該委託元のみが本人への通知を行うこととなる（個情法26条2項本文かっこ

10　佐脇紀代志編著『一問一答　令和2年改正個人情報保護法』（商事法務，2020年）37頁参照。
11　園部逸夫＝藤原靜雄編，個人情報保護法制研究会著『個人情報保護法の解説《第三次改訂版》』（ぎょうせい，2022年）185，192頁

書）。これは，本人への通知の重複を避け，本人との関係が近い委託元に一本化する趣旨と解されている[12]。

　もっとも，委託先が本人への通知を行う義務を負っているか，同義務を免除されているかを問わず，委託元と委託先の双方が連名で本人への通知を行うことは可能である（マイナンバーQA17-24参照）。

イ　通知時期

　個人情報保護委員会への報告とは異なり，本人への通知を行う時期は，「当該事態の状況に応じて速やかに」と規定されているにとどまる（個情法施行規則10条）。そして，「当該事態の状況に応じて速やかに」とは，「速やかに通知を行うことを求めるものであるが，具体的に通知を行う時点は，個別の事案において，その時点で把握している事態の内容，通知を行うことで本人の権利利益が保護される蓋然性，本人への通知を行うことで生じる弊害等を勘案して判断する」ものと説明されている（個情法ガイドライン（通則編）3-5-4-2）。

　それでは，サイバーインシデントにより報告対象事態が生じた場合に，どの時点で本人への通知を行うことが求められるのか。

　速報や任意の公表と同様，インシデント発覚後速やかに本人への通知を行うことも考えられる。もっとも，インシデント発覚直後の段階では，そもそもどの個人データにどのような影響が生じたのかすら明らかでないことが多い。この時点で拙速に通知を進めると，結果として影響が生じなかった個人データに係る本人にまで通知を実施することとなり，混乱を招きかねない。

　この点，個情法ガイドライン（通則編）は，その時点で通知を行う必要があるとはいえないと考えられる事例の1つとして，「漏えい等のおそれが生じたものの，事案がほとんど判明しておらず，その時点で本人に通知したとしても，本人がその権利利益を保護するための措置を講じられる見込みがなく，かえって混乱が生じるおそれがある場合」をあげている（個情法ガイドライン（通則編）3-5-4-2）。

　そのため，サイバーインシデントによる報告対象事態においては，専門調査機関によるフォレンジック調査により漏えい等の事実の有無およびその影響範

12　岡村久道『個人情報保護法〈第4版〉』（商事法務，2022年）298頁

囲が明らかになるのを待ってから本人への通知を行ったとしても，基本的には「当該事態の状況に応じて速やかに」通知を行ったことは否定されないものと思われる[13]。

ウ　通知内容

　本人への通知においては，事案の「概要」，「漏えい等が発生し，又は発生したおそれがある個人データの項目」，「原因」，「二次被害又はそのおそれの有無及びその内容」，および「その他参考となる事項」を通知する必要がある（個情法施行規則10条）。「その他参考となる事項」としては，たとえば「本人が自らの権利利益を保護するために取り得る措置」等が考えられる（個情法ガイドライン（通則編）3-5-4-3。その他，個情法QA6-23参照）。整理すると，図1－5のとおりとなる。

図1－5　通知事項

通知期限		通知内容
本人	当該事態の状況に応じて速やかに通知 ※通知が困難な場合には，公表等の代替措置	(1)概要 (2)漏えい等が発生し，または発生したおそれがある個人データの項目 (3)原因 (4)二次被害またはそのおそれの有無およびその内容 (5)その他参考となる事項

　なお，本人への通知は，「本人の権利利益を保護するために必要な範囲において」実施することが求められている（個情法施行規則10条）。そのため，当初報告対象事態に該当すると判断したものの，その後実際には報告対象事態に該当していなかったことが判明した場合には，個情法上は本人への通知は不要となる（個情法ガイドライン（通則編）3-5-4-3）。

13　一方で，サイバーインシデント発生後，すぐにステークホルダーに対して一報を行うことは，その信頼に応える上で重要な意義がある。そのため，いつ・どのような通知を行うか（さらには何回行うか）は，それぞれのメリット・デメリットを検討した上で決定するのが望ましい。

エ　通知方法

　「本人への通知」とは，「本人に直接知らしめること」を指す。その方法は，「事業の性質及び個人データの取扱状況に応じ，通知すべき内容が本人に認識される合理的かつ適切な方法によらなければならない」とされるが，通知の様式は法令上定められておらず，「本人にとって分かりやすい形で通知を行うことが望ましい」とされているにとどまる（以上につき，個情法ガイドライン（通則編）3-5-4-4，2-14参照）。個情法ガイドライン（通則編）にて示されている「本人への通知」（および「本人に通知」）の例は，以下のとおりである。

【本人への通知の方法の例[14]】

文書を郵便等で送付することにより知らせること
電子メールを送信することにより知らせること

【本人に通知の方法の例[15]】

ちらし等の文書を直接渡すことにより知らせること
口頭または自動応答装置等で知らせること
電子メール，FAX等により送信し，または文書を郵便等で送付することにより知らせること

　たとえば，多数の顧客に通知を行う必要がある場合には，費用を抑える観点から，電子メール等[16]を活用することが効果的である。その他，従業員に対して通知を行う場面では，電子メールにて個別に通知を行う方法のほか，朝礼等で口頭での通知[17]を実施することも考えられる。本人への通知は，必ずしも1つの方法で実施することが求められているわけではないため，通知対象者の性質・状況に応じ，わかりやすい形で通知を行うよう，工夫が求められる。

14　個情法ガイドライン（通則編）3-5-4-4

15　個情法ガイドライン（通則編）2-14

16　これ以外にも，たとえばSMS（Short Message Service）を利用することも考えられる。

17　ただし，口頭での通知を行う場合には，本人が通知を受けた内容を事後的に確認できるよう，書面または電子メール等による通知を併用することが望ましい（個情法QA6-26参照）。

　なお，電子メールや郵便を利用する際には，メールの誤送信や郵便の誤配送に十分に注意する必要がある。万一誤送信・誤配送が生じた場合には，本人への通知を発送する原因となったサイバーインシデントとは別個の報告対象事態として，追加のインシデントレスポンスが必要となる場合があり，個人情報保護委員会に安全管理措置義務（個情法23条）の違反・不備があることを疑わせる事情ともなりうる（安全管理措置義務につき，後記**第2章第1・2**参照）。

　そのため，たとえば郵送による場合には，簡易書留を利用して本人に通知が到達することを担保する，電子メールによる場合にはBCCの利用を避けて誤送信防止機能のあるサービスを利用する等，適切な対策を講じた上で本人への通知を実施するのが望ましい。

オ　通知が困難である場合：代替措置

　本人への通知が困難である場合には，本人の権利利益を保護するために必要な代替措置を講じることにより，本人への通知を実施しないことが認められている（個情法26条2項ただし書）。実務上，通知が困難となる場合として代替措置を講じることが多いのは，ランサムウェア攻撃の事案である。ランサムウェア攻撃によりデータが暗号化される結果，個人データ内の連絡先の確認が困難となることがあるからである。

　個情法ガイドライン（通則編）にて示されている通知が困難である場合や代替措置の例は，以下のとおりである。なお，本人に対する複数の連絡手段を有している場合には，1つの連絡先に連絡して本人に到達しなかったからといって，ただちに「本人への通知が困難である場合」に該当するわけではないことに注意を要する（個情法QA6-27）。

【通知が困難である場合の例[18]】

保有する個人データの中に本人の連絡先が含まれていない場合
連絡先が古いために通知を行う時点で本人へ連絡できない場合

18　個情法ガイドライン（通則編）3-5-4-5

【代替措置の例[19]】

事案の公表
問い合わせ窓口を用意してその連絡先を公表し，本人が自らの個人データが対象となっているか否かを確認できるようにすること

　なお，公表とは，「広く一般に自己の意思を知らせること（不特定多数の人々が知ることができるように発表すること）」を指し，「公表に当たっては，事業の性質及び個人情報の取扱状況に応じ，合理的かつ適切な方法によらなければならない」とされている（個情法ガイドライン（通則編）2-15）。個情法ガイドライン（通則編）に示されている公表の例は，以下のとおりである[20]。

【公表に該当する例[21]】

自社のホームページのトップページから1回程度の操作で到達できる場所への掲載
自社の店舗や事務所等，顧客が訪れることが想定される場所におけるポスター等の掲示，パンフレット等の備置き・配布
（通信販売の場合）通信販売用のパンフレット・カタログ等への掲載

　代替措置としての公表は，実務上，自社のホームページ上に文書を掲載する方法によることが多い（いわゆるウェブ公表）。

　ただし，実施方法については，あくまで本人への通知の代替措置としての公表であることを踏まえ，対象となる本人にとってわかりやすい方法を選択することが求められる。たとえば店舗販売が中心の事業者において，その影響範囲が店舗利用者にとどまっているような場合には，店頭や店内の掲示板等に文書を掲示し，あるいは配布する方法で対応することも考えられる[22]。

19　前掲18と同じ。
20　公表すべき内容は，本人へ通知すべき内容が基本とされるが（個情法ガイドライン（通則編）3-5-4-5，上記ウ），公表することでかえって被害の拡大につながることがないように配慮する必要がある（個情法QA6-29参照）。
21　個情法ガイドライン（通則編）2-15
22　個情法QA1-59を踏まえると，上記のような対応も許容されるものと思われる。

　その他，本人への通知の代替措置として事案の公表を行う場合を除き，個人データ漏えい等事案が生じた際に，公表を行うことが個情法上義務づけられているわけではない。しかし，公表を行うことは，広く脅威に関する情報を社会に共有し，社会全体での対策を促すことにもつながる。そのため，代替措置としての公表を行う義務がない場合であっても，当該事態の内容等に応じて，公表を行うことが望ましいとされている（個情法ガイドライン（通則編）3-5-4-5，個情法QA6-30等）。

カ　その他の留意点（問い合わせへの備え・金券の配布等）

　本人への通知または公表等の代替措置を行った場合，通知を受け取った本人や，公表に触れたマスコミ等から問い合わせを受けることが想定される。そのため，本人への通知または公表等を行うにあたっては，入念に準備する必要がある。

　まず，問い合わせを受けてから個別に回答内容を検討していたのでは，スムーズに対応することは困難となる。担当者ごとの判断で回答を行うと，回答ごとに情報量に差が生じたり，事実と異なる回答がなされたり，本来開示する予定のなかった事情を含んだ回答をしてしまったりするおそれもある。そのため，本人への通知または公表等を行うにあたっては，事前に担当部署を決め，問い合わせに対して統一された対応がとれるような体制を整えることが望ましい。その上で，どこまでの事実関係を回答してよいかは担当部署で事前に協議し，協議内容を踏まえた想定問答集を作成しておくとよい。

　また，対象者が多数に上る場合や，要配慮個人情報を含む個人データ等，センシティブな情報の漏えい等事案である場合には，問い合わせが殺到することにより，自社の問い合わせ窓口がパンクするおそれがある。そのため，問い合わせ対応業務の負担が大きいことが予想される場面では，コールセンターに外注することも一案である。

　その他，大規模な報告対象事態の影響を受けた本人に対しては，お詫びの品として500円〜1,000円の金券を配布する例も見受けられる。金券を配布することは，影響を受けた本人に対する真摯な謝罪の意図を伝える上で有用であり，影響を受けた本人から損害賠償請求を受けるリスクをある程度低下させる効果が期待できる。もっとも，金券を配ったからといって損害賠償請求を必ず回避

できるわけではなく,「お金の問題ではない」というような問い合わせを招く
ことにもつながるため, 一長一短である（その他, 個人情報漏えいにおける
個々人の慰謝料額の相場について, 後記第2章第1・1を参照）。

②　取引先への対応（特に報告義務・機密保持義務）

　まず, 取引先の役職員の個人データに漏えい等のおそれが生じた場合には,
個情法上, 上記①の対応が必要となる。漏えい等のおそれが生じたデータの中
に取引先から取扱いの委託を受けた個人データが含まれる場合も同様である
（ただし, このときは, 委託元となる取引先に対して通知を行うことで, 本人
への通知等を実施する義務を免れることができる（個情法26条2項本文かっこ
書））。

　個人データの漏えい等が発生しておらず, 個情法上の対応が不要な場合で
あっても, 機密保持契約を締結した取引先から預かった機密情報にサイバーイ
ンシデントの影響が及ぶ場合や, 取引先へのサービス提供に支障が生じる場合
には, 契約責任および取引先との信頼関係維持の観点から, 当該取引先に対し
て適時に情報共有をすることが求められる。その際も, 誤った情報を伝達して
取引先に混乱を生じさせないよう, どのような事項を, どのタイミングで伝達
すべきかは慎重に検討する必要がある。

　取引先に対する契約責任との関係で特に留意が必要なのは, 報告義務と, 機
密保持義務の2つである。

ア　報告義務の有無および内容

　筆者らの実務経験上, 現状ではあまり多くないものの, 機密保持契約書中で,
機密情報の漏えい等が生じた際の報告義務を規定するものがある。報告義務が
規定されている場合, その発生要件を満たすときには当該取引先に対して報告
義務が生じるため, 報告義務の履行を見落とさないよう注意する必要がある。

　報告義務の規定内容は契約書により様々だが,

①　報告義務の発生要件（漏えい以外にも滅失・毀損を含むか, おそれにとどま
　る場合にも報告義務が生じるか）

② 報告義務の履行時期（○日以内等の具体的な期間が記載されているか，「ただちに」「すみやかに」等の抽象的な記載にとどまるか）
③ 報告義務の内容（何を報告することが定められているか）
④ 取引先にインシデントレスポンスに関する指揮命令権を付与するかどうか
⑤ 報告義務違反についての違約罰の設定

等の観点からバリエーションがありうる。そのため，サイバーインシデントが発生した際には，契約書の記載文言を踏まえて適切に対応する必要がある[23]。

イ　機密保持義務違反の有無

　機密情報が漏えいした場合，当該規定の文言によるものの，基本的には機密保持義務違反が認められるものと思われる。この場合には，取引先から機密保持義務違反に基づく損害賠償を求められる可能性が生じる。そのため，機密情報を漏えいさせた企業においては，自社がどのようなセキュリティ対策を講じていたのか等を踏まえ，不可抗力条項，あるいは「責めに帰することができない事由」（民法415条1項ただし書）に当たる事情がないか，検討を要する（不可抗力条項等の解釈については，後記**第2章第3・1**を参照）。

5　抑制措置と復旧フェーズ

　このフェーズにおいて実務上最も悩ましいのは，どの時点をもって復旧に舵を切るかという判断である。拙速に復旧を目指して被害端末を稼働させると，被害端末にマルウェアが残っており，ネットワーク内に再び感染が拡大するということになりかねない。

　たとえば，2021年10月に徳島県つるぎ町の町立半田病院で起きたランサムウェア攻撃事案の報告書[24]において，「フォレンジック事業者の調査にて感染なしと確認された端末から，ウイルスが内在していることを確認」と摘示されているとおり，何をもってネットワークや端末の安全性が確保されたと判断し，

23　このような観点からは，取引先との契約書を事前に確認し，報告義務の有無・内容を把握しておくことが望ましい。
24　https://www.handa-hospital.jp/topics/2022/0616/report_01.pdf

復旧フェーズに切り替えるかの「見切り」が難しいことがわかる。

　最も安全を期すのであれば，被害が疑われる端末をウイルスソフトによるクリーニングではなく初期化して業務に戻す方法である。最近では，被害が疑われる端末に一定期間（1カ月から2カ月程度）EDRをインストールした上で，端末内で不審な挙動がないかのモニタリングをし，異常が検出されなければ業務に戻す手法も見られる。

6　再発防止策フェーズ

(1)　サイバーリスク固有の再発防止策の重要性

　サイバー攻撃を受けた被害企業としては，インシデントレスポンスと並行して，またはインシデントレスポンスの仕上げとして再発防止策を講じることとなる。

　一般論として，企業内で役職員による不祥事が生じた場合，企業として不祥事の原因と被害範囲を調査・検証の上再発防止策を講じる必要性が高いことは想像にかたくないであろう。この再発防止策の策定は，法的観点からみれば，内部統制システムが不十分であったために生じた会社の損害について当該システムを検証して見直すという意味で，広くは取締役の内部統制システム構築義務の一環ともいえる。リスクマネジメントの観点からは，リスクに関するPDCAサイクルの重要な一部といえる。さらにステークホルダーとの関係では，二度と同種の事故を起こさないために会社としていかなる対策を取ったかを示すことは説明責任の対象ともいえる。

　サイバーリスクにおいては，企業内における役職員の不祥事といった他のコーポレートリスク以上にこの再発防止策の重要性が高い。

　すなわち，サイバーリスクは，攻撃者が引き起こす人為的なリスクであるため，自然災害などのリスクと比べて発生頻度が高い。特にRaaS（Ransomware as a Service）に代表される犯罪スキームのパッケージ化により攻撃者が急増している状況下においては，なおのことである。また，他の企業不祥事と異なり損害を引き起こした者が特定され処罰を受けることがサイバー攻撃事案においては期待できないため，人的なリスクが外部にそのまま現存することとなる。

したがって，サイバーリスクは再発する可能性がその性質上極めて高いといえる。

実際に，ランサムウェアによるサイバー攻撃について，"almost 40 companies were compromised by different gangs twice in 2021, …17 more companies were attacked for a second time following an earlier compromise in 2020"（筆者訳：「2021年に約40社が2回不正アクセスを受けた。……その他にも17以上の企業が2020年に1回目の不正アクセスを受け，2021年に2回目の不正アクセスを受けた」）というデータ[25]で公表されている。

このデータから，一度サイバー攻撃を受けた企業は，攻撃者から繰り返しターゲットとして狙われる可能性が高いことがわかる。

推察するに，攻撃者にとって一度不正アクセスに成功した企業を繰り返し攻撃することは，別の新たなターゲット企業をゼロから探して攻撃するより費用対効果が高いものと思われる。

すなわち，不正アクセスに利用した認証情報が変更されていなければそのまま侵入することは造作もなく，仮に認証情報が変更されていても一度目の侵入時に裏口（バックドア）を設けていれば当該裏口から容易に侵入が可能である。また，仮に侵入について被害企業により相応の対策が取られていても，一度侵入した企業の内部ネットワーク構造を把握できており，侵入した後の作業が容易であるため，再度侵入を試みる動機は強いといえる。まして，被害企業が一度目の攻撃の際に身代金を支払っていた場合には，攻撃者に対して犯罪収益を獲得できる見込みが高いターゲットという認識を与えるため，やはり攻撃者に繰り返し攻撃をする強い動機を持たせることになる。

サイバーリスクについては，一度顕在化したサイバーリスクと同種のリスクが再度顕在化する可能性が極めて高いことから，適切な再発防止策を講じないことは経営層として不合理な判断といわざるをえない（再発防止策に関する取締役の義務については**第2章第2の3**を参照されたい）。その意味で，一度サイバー攻撃が発生した企業においては，二度と同種の攻撃手法においてサイバー攻撃を受けないよう再発防止策を策定する重要性は極めて高いといえる。

25　KELA Cybercrime Intelligence "Beware. Ransomware. Top Trends of 2021"

⑵　再発防止策を策定するにあたっての視点

①　重層的防御

　再発防止策の段階に限らず，サイバーセキュリティにおける重要な視点として，サイバーリスクを完全に抑止するための単一かつ絶対的なセキュリティ対策は存在しないという点がある。

　サイバーセキュリティの文脈においては，明確な悪意をもった攻撃者が存在し，攻撃者は1つのエントリーポイントを突けば攻撃の足がかりにすることができるのに対して，防衛側はすべてのエントリーポイントを防ぐ必要がある。このように攻撃者と防御者との間には非対称性が存在し，構造的に攻撃者が優位となっている。

　また，いかに優れたアーキテクチャに基づいて，いかに費用と時間をかけて開発されたセキュリティ技術であっても，それが人の手によって開発されるものである以上，当該技術には，開発者自らの開発行為に起因する技術的な脆弱性が内在することは否定できず，脆弱性を完全に払しょくすることは極めて困難である。

　そのため，サイバーセキュリティにおいて重要な概念となるのが重層的防御（Defense in Depth）である。これは，元来，軍事戦略上の概念であり，外敵の侵入を検知，反撃，撃退すべく幾重にも防御層を構築するというものである。サイバーセキュリティにおいても，この重層的防御の概念が応用されており，単一かつ絶対の施策は存在しないとの理解の下，重層的なセキュリティ対策が肝要となる[26]。

　実際に後述のメタップス事案においても，その第三者委員会報告書において，「システム環境の観点からの再発防止策は，以下のとおりであり，多層的，複層的再発防止策を講じ，セキュリティの向上を図るべきである」と指摘され，以下のような重層的な再発防止策が提言されている[27]。

---

① 日時のログの点検
② セキュアコーディングを行ったアプリケーション開発とソースコード・レビューの実施

③　ペネトレーション診断または脆弱性診断と診断結果を踏まえた脆弱性等の修正

④　WAFの導入

⑤　セキュリティアラートの発信後に，なぜアラートが発信したのか，その原因となった「障害」または「侵害」を検証すること

⑥　社内および加盟店の業務向けのログイン画面へのアクセス制限

⑦　社内および加盟店の業務向けのログイン画面の二要素認証，二段階認証の導入

⑧　ファイル整合性監視の範囲の見直しとアラートに対する検証手順の整備

⑨　ログの取得方法の見直し

⑩　クレジット取引セキュリティ対策協議会の作成資料の内容を踏まえた，決済サービスに関するシステム以外のシステムに係る全面的な検証，見直し

⑪　フロントシステム側に関するセキュリティ対策の強化

　実務上は，事故原因・被害範囲に係るフォレンジック調査についての調査結果報告書の末尾に再発防止策が記載されることが多いため，それに則って再発防止策を検討することとなる。もっとも，この再発防止策の内容は，調査を実施したフォレンジックベンダーによって濃淡がある。

　そこで，調査結果報告書に記載された再発防止策はあくまで最低限の再発防

26　たとえば，米国のサイバーセキュリティ・インフラストラクチャセキュリティ庁（CISA）による2016年9月付 "Recommended Practice: Improving Industrial Control System Cybersecurity with Defense-in-Depth Strategies" によれば，"Unfortunately, there are no shortcuts, simple solutions, or "silver bullet" implementations to solve cybersecurity vulnerabilities" を前提としつつ，"It requires a layered approach known as Defense in Depth." とする。その具体的な内容として "Defense in Depth as a concept originated in military strategy to provide barriers to impede the progress of intruders from attaining their goals while monitoring their progress and developing and implementing responses to the incident in order to repel them. In the cybersecurity paradigm, Defense in Depth correlates to detective and protective measures designed to impede the progress of a cyber intruder while enabling an organization to detect and respond to the intrusion with the goal of reducing and mitigating the consequences of a breach." と説明されている。

27　2022年6月29日付第三者委員会調査報告書（公表版）
https://www.metaps-payment.com/company/report_metapspayment_20220701.pdf

止策と認識して，複数の専門家から推奨される再発防止策を確認の上検討することが望ましい。

②　技術的観点とガバナンスの観点からの再発防止策

再発防止策の中心は技術的な対策といっても過言ではないと思われる。サイバー攻撃が技術的な弱点を突いて成立した以上は，その弱点を埋めることが出発点となる。

たとえば，Emotet（詳細は**第4章第2を参照**）に代表されるメールを起点とした攻撃では，不審なファイルが添付されたメールを自動的に排除するセキュリティ製品が有用であるし，昨今のランサムウェア攻撃で多用されるVPN経由での企業のネットワーク内への不正アクセスについては（詳細は**第4章第1を参照**），多要素認証の徹底による不正アクセスの防止やネットワーク内に侵入した攻撃者の不審な振る舞いを検知するセキュリティ製品の導入が有用といえる。

しかしながら，この技術的対策と並んで重要となるのがガバナンスの観点からの再発防止策である。

すなわち，サイバーインシデントが発生した時点において，直接的な原因となった技術的な弱点に関して，同業他社と比較して標準的なセキュリティ体制が構築されていなかった場合であれば，セキュリティ部門の人員・予算不足の可能性があるし，セキュリティ部門からのリスクの説明が経営層に伝わりやすい体制ではなかったことも想定される。また，サードパーティ製品の導入またはアップデート，従業員の入退社，異なるセキュリティ体制を持つ企業間のM&Aなど，企業のセキュリティ体制は日々変化する。こうした変化の中でシステムの脆弱性の管理が見落とされて，その結果当該脆弱性を突かれてサイバー攻撃を受けたような場合には，定期的なセキュリティ体制のモニタリングが機能していなかったといえる。

こうした事情はいずれも技術的な問題を越えたガバナンス上の問題といえる。そのため，ガバナンスの観点からの再発防止策も重要となるのである。

では，技術的な再発防止策とガバナンス上の再発防止策とはどのような関係であろうか。サイバーインシデント対応の実務経験を踏まえた上での私見とな

るが，前者は同種のサイバー攻撃について即効的効果を有するものであるが，異なるタイプのサイバー攻撃までを必ずしもカバーできるものではなく，効果の持続期間も限定的である。他方で，後者は広くサイバーリスクについての企業の姿勢を再構築するものであるから再発防止策としてのカバー範囲は広く，かつ効果の持続性も期待できる，というものである。

したがって，サイバー攻撃を受けた企業が真摯にサイバーリスクに向き合い再発防止策を講じるのであれば，双方の観点からのアプローチが必要となるものと思料する。

このことは，近時注目を集めた以下の3つのサイバーインシデントにおいても再発防止策として言及されており，参考となるところである。

ア　メタップス事案

同事案は，クレジットカード決済サービスを提供する株式会社メタップスペイメントにおいて，決済データセンターサーバ内に配置された一部のアプリケーションの脆弱性が利用され，不正アクセスが行われた事案である。2021年8月2日から2022年1月25日にわたってサイバー攻撃が複合的かつ継続的に行われ，決済情報等が格納されているデータベースから個人情報を含む情報が外部に流出した。

このメタップス事案においては，「本件事象は，MP（筆者注：メタップスペイメント社をいう）におけるシステム環境の脆弱性の発生を未然に検知又は防止できる体制が欠如していた疑いや，本件事象発生時における対応が不適切であった疑いがあり，人的環境面（体制整備面）での問題も疑われたため，『人的環境の観点（体制整備上の観点）』からの調査等も必要」であったと指摘され，「再発防止策の策定への提言」として「システム環境の観点からの再発防止策」に加え「人的環境の観点（体制整備上の観点）からの再発防止策」が言及されている。

そして，後者においては，「1　業務上の不正，業務懈怠等の発見のための措置」，「2　業務の属人化防止のための措置」，「3　社内ルールの形骸化防止のための措置」，「4　委託先管理」，「5　『サイバーセキュリティ経営ガイドライン』を踏まえた体制整備」，「6　企業風土の改善，従業員教育」というまさにガバナンスの観点から多角的に再発防止策が提言されている。

イ　半田病院事案[28]

　同事案は，2021年10月に徳島県つるぎ町の町立半田病院で起きたLockbit2.0によるランサムウェア攻撃の事案である。ランサムウェア攻撃により電子カルテシステムが暗号化され，数カ月間にわたる医療サービスの停止を余儀なくされた。

　同事案の報告書においても，その再発防止策に関する記載として「再発防止策の実施と検討状況」の項目が設けられており，その中には「5.2　技術的な課題の対応・対策」の前に「5.1　組織的な課題の対応・対策」が論じられている。

ウ　ニップン事案[29]

　同事案は，2022年7月に株式会社ニップンで発生したランサムウェア攻撃の事案である。ランサムウェア攻撃により財務管理や販売管理を行う基幹システムに加え，グループネットワーク内で運用しているシステムが暗号化され，四半期報告書の提出が遅滞した。なお，同社の第198期有価証券報告書によるとシステム等復旧費用で16億200万円が計上されている。

　同事案の直接的な原因は，「当社が構築したネットワークシステムに隠れていた脆弱性を突いて外部から侵入されたことに因る」という技術的な点にあるとされている。

　もっとも，同社による原因究明は技術的な原因にとどまらず，「この当社ネットワークシステムに隠れていた脆弱性を生み出した背景にある内部統制に係る原因」があったとして，やはり技術的な原因の背景としてガバナンス上の原因を指摘している。

28　2022年6月7日「徳島県つるぎ町立半田病院　コンピュータウイルス感染事案　有識者会議調査報告書」https://www.handa-hospital.jp/topics/2022/0616/report_01.pdf
29　株式会社ニップン2022年6月29日内部統制報告書
　https://www.nippn.co.jp/ir/announcement/financial_report/pdf/198_4Q_2021-1.pdf

第2章

当事者関係別
サイバーセキュリティ紛争

　サイバーリスクが顕在化すると関係当事者間において法的紛争に発展することになる。法的紛争に備えるため，または予防するために，企業法務がサイバーリスクに関わる場面は実は多岐にわたる。

　以下の図2-1は，サイバーセキュリティに関する法的紛争を当事者関係別に整理した図である。以下，この図に示す5つの当事者関係別でサイバーセキュリティに関する紛争を紹介する。

図2-1　当事者関係別サイバーセキュリティ紛争

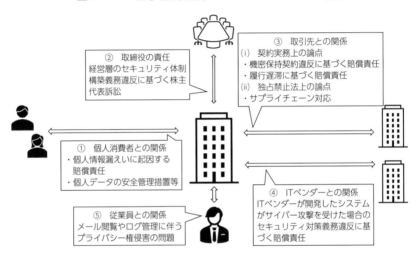

③　取引先との関係
(i)　契約実務上の論点
・機密保持契約違反に基づく賠償責任
・履行遅滞に基づく賠償責任
(ii)　独占禁止法上の論点
・サプライチェーン対応

②　取締役の責任
経営層のセキュリティ体制
構築義務違反に基づく株主
代表訴訟

①　個人消費者との関係
・個人情報漏えいに起因する
　賠償責任
・個人データの安全管理措置等

⑤　従業員との関係
メール閲覧やログ管理に伴う
プライバシー権侵害の問題

④　ITベンダーとの関係
ITベンダーが開発したシステム
がサイバー攻撃を受けた場合の
セキュリティ対策義務違反に基
づく賠償責任

第*1*　個人消費者との関係

1　慰謝料請求，クレジットカード不正使用についての損害賠償請求

⑴　一般的な個人情報の漏えい

　サイバーリスクと企業法務との関係において，最も想像しやすいのは，サイバー攻撃を受けた企業から個人情報が漏えいする事案であろう。その場合，本人からの損害賠償請求が問題となる。

　一般的な個人情報の漏えいの場合，漏えいした個人情報の主体たる本人から，個人情報の管理者に対し，プライバシー権侵害により精神的損害を被ったとして損害賠償請求が行われることが想定される。その際の認定額については，過去の裁判例が参考になる。

　著名な裁判例としては，2014年7月に発覚した大手通信教育事業者からの約2,800万件に及ぶ個人情報の漏えい事案（いわゆるベネッセ事案）に関する一連の裁判例が挙げられる。そのうち大阪高等裁判所の令和元年判決では，氏名，住所，生年月日，性別等が漏えいした事案であるところ，損害額として1人当たり1,000円が認定された[1]。このように，漏えいした個人情報が，すでに公となっていることが多く，また，本人自らそれを公表する機会も多いような内容の場合には，プライバシー侵害の程度としては比較的低いと判断され，損害額も低くなる傾向にある。ベネッセ事案に関する東京高等裁判所の令和2年判決では，上記氏名等のほか出産予定日が漏えいした事案について，1人当たり3,300円（慰謝料3,000円，弁護士費用300円）が損害として認定されている[2]。

1　大阪高判令元・11・20判時2448号28頁
2　東京高判令2・3・25平成31（ネ）1058

　他方，通常第三者が知りえない情報，第三者に知られることが想定されていない情報まで漏えいした場合には，プライバシー侵害の程度は高いと判断され，賠償額も高くなる傾向にある。たとえば，エステを受けようとしていることやエステの施術コースといった情報が漏えいした事案（いわゆるTBC事件）では，損害額として1人当たり最大3万5,000円（慰謝料3万円，弁護士費用5,000円）が認定された[3]。

　以上のとおり，近年の裁判例の傾向としては，特殊事情がない限り，1人当たり数千円程度が個人情報漏えいにおける賠償額の相場となっているといえる。そのため，実務上は，漏えいした個人情報の管理者が情報の主体たる本人に対し，500円～1,000円分程度のQUOカード等を配布することで，事態の収束が図られる場合も見受けられる。

(2)　クレジットカード情報の漏えい

　上記のような一般的な個人情報漏えい事案に加え，昨今ではサイバー攻撃を受けたECサイトからのクレジットカード情報（以下「クレカ情報」という）の漏えい事案（以下「クレカ情報漏えい事案」という）も増加傾向にある。新型コロナウイルスの感染症拡大の対策として，外出自粛の呼びかけおよびECサイトの利用が推奨された結果，各社はその対応を迫られ，EC事業を始めた企業が増加した。ECサイトの増加に伴い，消費者によるクレカ情報の入力機会も増加した結果，ECサイトからのクレカ情報漏えい事案も増加しているのである（詳細は**第4章第3の1**を参照されたい）。クレカ情報漏えい事案においては，ECサイトで商品を購入する際に，決済画面においてクレカ情報を入力した上で決済を行うところ，その際に入力したクレカ情報が窃取され，不正に使用される。

　クレカ情報漏えい事案の場合は，プライバシー権侵害に加えて不正利用による経済的な損失が発生するため，1件当たりの被害額が高額となりうる。

　また，一般的な個人情報の漏えいの場合，被害の回復は通常は民事訴訟の提起を通じた個人情報の管理者に対する損害賠償請求によって図られる。そのた

3　東京高判平19・8・28判タ1264号299頁（原審：東京地判平19・2・8判時1964号113頁）

め，情報の主体たる本人にとっては，被害回復にあたりハードルが存在するので，実際に請求がなされる事案は限定的となる。他方，クレカ情報漏えい事案の場合，クレジットカードの保有者は，クレジットカード会社に対してクレジットカードが不正利用されたことの届出をすれば，基本的には不正利用による損害の填補を受けることができる。そして，クレジットカード会社は補償額の合計額を集計の上，加盟店契約[4]に基づいてECサイト運営企業に損害賠償請求する（なお，実務上の運用としては，被害企業のインシデントの公表前にクレジットカード会社とECサイト運営企業とで，クレジットカード会社が負担したカード再発行費用や不正利用による損害の負担に関する合意書を締結する場合が多い）。そのため，一般的な個人情報の漏えいと比較して，漏えい原因となった企業の賠償責任が顕在化しやすいといえる。

　その結果，たとえば1つのECサイトからクレカ情報が1万件分流出し，各クレジットカードについて1万円分の不正利用がなされた場合，クレジットカード会社からECサイト運営事業者に対して1億円（1人当たり1万円×1万人）の賠償請求が実際になされるということになる。

　なお，クレカ情報漏えい事案については**第4章**で詳述する。

2　個人データに関する安全管理措置等

　近時では，サイバーインシデントが生じたことが端緒となり，個情法上の安全管理措置（個情法23条）および監督（同法24・25条）の不備が露見する事例が増加している。そのため，以下ではそれぞれの義務内容を確認した上で，個人データの取扱いにつき平時から注意すべきポイント等を確認する。

4　たとえば，ユーシーカード加盟店規約の23条7項は，「個人情報への不当なアクセスまたは個人情報の紛失・破壊・改ざん・漏洩等の危険に対し，合理的な安全対策を講じるものとします」と規定し，29条3項は，「加盟店は，加盟店または業務委託先が第23条および第24条に違反することにより当社，カード会社，提携組織，または会員に損害を生じせしめた場合には，これにより当社，カード会社，提携組織，または会員が被った損害等を賠償する義務を負うものとします」と規定し，同項各号に損害の内容を列挙する。そして，その中でも同項(3)は「カードの不正使用による損害」と規定している（https://www2.uccard.co.jp/uc/kameiten/other/kameiten_kiyaku.html）。

(1)　安全管理措置とサイバーセキュリティの関係

　個人情報取扱事業者は，その取り扱う個人データの漏えい，滅失または毀損（以下「漏えい等」という）の防止その他の個人データの安全管理のために必要かつ適切な措置を講じなければならないとされている（個情法23条）。他方で，事業者は，基本理念に則り，その事業活動に際し，自主的かつ積極的にサイバーセキュリティの確保に努めることが求められている（サイバーセキュリティ基本法（以下「基本法」という）2条および7条）。そこで，そもそも個人情報取扱事業者が講じるべき安全管理措置と，事業者が確保すべきサイバーセキュリティとが，どのような関係に立つのかが問題となる。特に情報の保護の観点から条文の文言を比較すると，以下の3点が指摘できる。

【条文の文言比較（下線筆者）】

> 個情法23条
> 個人情報取扱事業者は，その取り扱う個人データの漏えい，滅失又は毀損の防止その他の個人データの安全管理のために必要かつ適切な措置を講じなければならない。

> 基本法2条
> 　この法律において「サイバーセキュリティ」とは，電子的方式，磁気的方式その他人の知覚によっては認識することができない方式（以下この条において「電磁的方式」という。）により記録され，又は発信され，伝送され，若しくは受信される情報の漏えい，滅失又は毀損の防止その他の当該情報の安全管理のために必要な措置並びに情報システム及び情報通信ネットワークの安全性及び信頼性の確保のために必要な措置（情報通信ネットワーク又は電磁的方式で作られた記録に係る記録媒体（以下「電磁的記録媒体」という。）を通じた電子計算機に対する不正な活動による被害の防止のために必要な措置を含む。）が講じられ，その状態が適切に維持管理されていることをいう。

①　保護対象となる情報はサイバーセキュリティのほうが広い

　安全管理措置上保護対象となる情報は「個人データ」に限定されている。他方で，サイバーセキュリティ上保護対象となる「情報」は，個人に関する情報

に限定されず，たとえば企業活動に関する情報も広く含まれる。

　そのため，保護の対象となる情報の範囲は，サイバーセキュリティのほうが広いといえる。

②　情報の媒体は安全管理措置のほうが広い

　個人データの保存形式は，電磁的記録（電磁的方式で作られる記録）に限定されておらず，紙媒体の文書・図画等も個人データに含まれる（個情法16条1項2号）。よって，安全管理措置の対象には，たとえば紙媒体も含まれる。他方で，サイバーセキュリティの対象となる情報は，電磁的方式により記録され，または発信され，伝送され，もしくは受信される情報とされており，紙媒体は想定されていない。

　そのため，情報の媒体という観点からは，安全管理措置のほうが対象とする範囲が広い[5]。

③　講ずべき措置には共通する部分がある

　安全管理措置もサイバーセキュリティも，一定の情報について「漏えい，滅失又は毀損の防止その他の個人データの安全管理のために必要かつ適切な措置」を講じることを要求している。そして，いずれも，情報のCIA（Confidentiality：機密性〔許可された者だけが情報にアクセスできるようにすること〕，Integrity：完全性〔保有する情報が正確であり，完全である状態を保持すること〕，Availability：可用性〔許可された者が必要なときにいつでも情報にアクセスできるようにすること〕）を維持することが含まれているものと解されており[6]，一定の共通性が認められる。

5　ただし，安全管理措置の対象が「個人情報」ではなく「個人データ」（個人情報データベース等を構成する個人情報。個情法16条3項）であることには注意を要する。
6　岡村久道『個人情報保護法〈第4版〉』（商事法務，2022年）268頁

【両者の比較（情報保護の観点から）】

安全管理措置 （個情法23条）		サイバーセキュリティ （基本法2条）
個人データ（個人情報）	①保護の対象	情報（限定なし）
文書，図画もしくは電磁的記録（電磁的方式で作られる記録）等	②情報の媒体	電子的方式，磁気的方式その他人の知覚によっては認識することができない方式（電磁的方式）
漏えい等の防止その他の個人データの安全管理のために必要かつ適切な措置	③講ずべき措置	漏えい等の防止その他の当該情報の安全管理のために必要な措置

　それでは，安全管理措置とサイバーセキュリティとの関係をどのように解すべきか。上述のとおり，両者には異なる点もあるものの，少なくとも電子データとして利活用されている個人データの限度では，サイバーセキュリティ確保のために講じるべき措置と，安全管理措置として講じるべき措置とで重なり合う部分があるものと思われる。

　そのため，サイバーセキュリティ体制の構築にあたっては，個情法の安全管理措置を参照することは有用であるといえる。

(2)　義務の概要

①　安全管理措置（個情法23条）

　個情法ガイドライン（通則編）10（別添）「講ずべき安全管理措置の内容」では，個人情報取扱事業者が個情法23条に基づき具体的に講じなければならない措置の項目およびその手法の例が記載されている。講じなければならない措置の項目は，下記表1のとおりである。

　各個人情報取扱事業者における安全管理措置を講ずるための具体的な手法については，個人データが漏えい等をした場合に本人が被る権利利益の侵害の大きさを考慮し，事業の規模および性質，個人データの取扱状況（取り扱う個人データの性質および量を含む），個人データを記録した媒体の性質等に起因するリスクに応じて必要かつ適切な内容とすべきものであり，必ずしも個情法ガ

イドライン（通則編）に記載されている例示内容をすべて講じなければならないわけではない一方で，適切な措置は例示の内容に限られないとされている（個情法ガイドライン（通則編）10（別添）「講ずべき安全管理措置の内容」）。

表1　講ずべき安全管理措置の内容[7]

1　基本方針の策定[8]	個人情報取扱事業者は，個人データの適正な取扱いの確保について組織として取り組むために，基本方針を策定することが重要である。	
2　個人データの取扱いに係る規律の整備	個人情報取扱事業者は，その取り扱う個人データの漏えい等の防止その他の個人データの安全管理のために，個人データの具体的な取扱いに係る規律を整備しなければならない。	
3　組織的安全管理措置	(1)組織体制の整備	安全管理措置を講ずるための組織体制を整備しなければならない。
	(2)個人データの取扱いに係る規律に従った運用	あらかじめ整備された個人データの取扱いに係る規律に従って個人データを取り扱わなければならない。 なお，整備された個人データの取扱いに係る規律に従った運用の状況を確認するため，利用状況等を記録することも重要である。
	(3)個人データの取扱状況を確認する手段の整備	個人データの取扱状況を確認するための手段を整備しなければならない。
	(4)漏えい等事案に対応する体制の整備	漏えい等事案の発生または兆候を把握した場合に適切かつ迅速に対応するための体制を整備しなければならない。 なお，漏えい等事案が発生した場合，二次被害の防止，類似事案の発生防止等の観点から，事案に応じて，事実関係および再発防止策等を早急に公表することが重要である。

7　個情法ガイドライン（通則編）10（別添）「講ずべき安全管理措置の内容」
8　厳密には，「1　基本方針の策定」は「重要である」と記載されるにとどまるため，安全管理措置を講じる上での義務として位置づけられているわけではないが，便宜上合わせて記載する。

	(5)取扱状況の把握および安全管理措置の見直し	個人データの取扱状況を把握し，安全管理措置の評価，見直しおよび改善に取り組まなければならない。
4 人的安全管理措置	従業者の教育	従業者に，個人データの適正な取扱いを周知徹底するとともに適切な教育を行わなければならない。
5 物理的安全管理措置	(1)個人データを取り扱う区域の管理	個人情報データベース等を取り扱うサーバやメインコンピュータ等の重要な情報システムを管理する区域（以下「管理区域」という）およびその他の個人データを取り扱う事務を実施する区域（以下「取扱区域」という）について，それぞれ適切な管理を行わなければならない。
	(2)機器および電子媒体等の盗難等の防止	個人データを取り扱う機器，電子媒体および書類等の盗難または紛失等を防止するために，適切な管理を行わなければならない。
	(3)電子媒体等を持ち運ぶ場合の漏えい等の防止	個人データが記録された電子媒体または書類等を持ち運ぶ場合，容易に個人データが判明しないよう，安全な方策を講じなければならない。なお，「持ち運ぶ」とは，個人データを管理区域または取扱区域から外へ移動させることまたは当該区域の外から当該区域へ移動させることをいい，事業所内の移動等であっても，個人データの紛失・盗難等に留意する必要がある。
	(4)個人データの削除および機器，電子媒体等の廃棄	個人データを削除または個人データが記録された機器，電子媒体等を廃棄する場合は，復元不可能な手段で行わなければならない。また，個人データを削除した場合，または，個人データが記録された機器，電子媒体等を廃棄した場合には，削除または廃棄した記録を保存することや，それらの作業を委託する場合には，委託先が確実に削除または廃棄したことについて証明書等により確認することも重要である。
6 技術的安全管理措置	(1)アクセス制御	担当者および取り扱う個人情報データベース等の範囲を限定するために，適切なアクセス制御を行わなければならない。
	(2)アクセス者の識別と認証	個人データを取り扱う情報システムを使用する従業者が正当なアクセス権を有する者であることを，識別した結果に基づき認証しなければならない。

	(3)外部からの不正アクセス等の防止	個人データを取り扱う情報システムを外部からの不正アクセスまたは不正ソフトウェアから保護する仕組みを導入し，適切に運用しなければならない。
	(4)情報システムの使用に伴う漏えい等の防止	情報システムの使用に伴う個人データの漏えい等を防止するための措置を講じ，適切に運用しなければならない。
7　外的環境の把握	個人情報取扱事業者が，外国において個人データを取り扱う場合，当該外国の個人情報の保護に関する制度等を把握した上で，個人データの安全管理のために必要かつ適切な措置を講じなければならない。	

② 従業員の監督（個情法24条）

　個人情報取扱事業者は，その従業員に個人データを取り扱わせるにあたって，個情法23条に基づく安全管理措置を遵守させるよう，当該従業員に対して必要かつ適切な監督を行わなければならない。必要かつ適切な監督の内容は，個人データが漏えい等をした場合に本人が被る権利利益の侵害の大きさを考慮し，事業の規模および性質，個人データの取扱状況（取り扱う個人データの性質および量を含む）等に起因するリスクに応じて，教育，研修等の内容および頻度を充実させる等，検討する必要がある（個情法ガイドライン（通則編）3-4-3）。
　もっとも，従業員の監督を行うにあたっては従業員の個人情報の適正な取得・取扱いの観点，およびプライバシーの観点からの検討も必要となる点には注意を要する（詳細は**本章第5**を参照）。

③ 委託先の監督（個情法25条）

　個人情報取扱事業者は，個人データの取扱いの全部または一部を委託する場合は，委託先において，自らが個情法23条に基づき講じるべき安全管理措置と同等の措置が講じられるよう，監督を行わなければならない。
　その際，委託する業務内容に対して必要のない個人データを提供しないようにすることは当然のこととして，取扱いを委託する個人データの内容を踏まえ，個人データが漏えい等をした場合に本人が被る権利利益の侵害の大きさを考慮し，委託する事業の規模および性質，個人データの取扱状況（取り扱う個人

データの性質および量を含む）等に起因するリスクに応じて，次のアからウまでに掲げる必要かつ適切な措置を講じなければならない（**表2**，個情法ガイドライン（通則編）3-4-4）。

表2　委託先の監督のための必要かつ適切な措置[9]

ア　適切な委託先の選定	委託先の選定にあたっては，委託先の安全管理措置が，少なくとも個情法23条および個情法ガイドライン（通則編）で委託元に求められるものと同等であることを確認するため，同ガイドライン10（別添）「講ずべき安全管理措置の内容」に定める各項目が，委託する業務内容に沿って，確実に実施されることについて，あらかじめ確認しなければならない。
イ　委託契約の締結	委託契約には，当該個人データの取扱いに関する，必要かつ適切な安全管理措置として，委託元，委託先双方が同意した内容とともに，委託先における委託された個人データの取扱状況を委託元が合理的に把握することを盛り込むことが望ましい。
ウ　委託先における個人データ取扱状況の把握	委託先における委託された個人データの取扱状況を把握するためには，定期的に監査を行う等により，委託契約で盛り込んだ内容の実施の程度を調査した上で，委託の内容等の見直しを検討することを含め，適切に評価することが望ましい。 また，委託先が再委託を行おうとする場合は，委託を行う場合と同様，委託元は，委託先が再委託する相手方，再委託する業務内容，再委託先の個人データの取扱方法等について，委託先から事前報告を受けまたは承認を行うこと，および委託先を通じてまたは必要に応じて自らが，定期的に監査を実施すること等により，委託先が再委託先に対して本条の委託先の監督を適切に果たすこと，および再委託先が個情法23条に基づく安全管理措置を講ずることを十分に確認することが望ましい（※）。再委託先が再々委託を行う場合以降も，再委託を行う場合と同様である。 （※）委託元が委託先について「必要かつ適切な監督」を行っていない場合で，委託先が再委託をした際に，再委託先が不適切な取扱いを行ったときは，元の委託元による個情法違反と判断されうるので，再委託をする場合は注意を要する。

9　個情法ガイドライン（通則編）3-4-4

⑶　違反時等のリスク

　個情法23条から25条に違反が認められる場合には，個人情報保護委員会による勧告（同法148条1項），通常命令（同条2項）および緊急命令（同条3項）の対象となり，通常命令または緊急命令に違反すると，公表（同条4項）および罰則（同法178条，184条1項1号）の対象となる。その他，個人情報保護委員会は，施行に必要な限度で（違反行為の存在を前提とせずとも）報告徴収等（同法146条），指導および助言（同法147条）を行う権限を有するため，注意を要する。

⑷　指導事例

①　決済代行業者の事例

　クレジットカード決済基盤を提供する株式会社メタップスペイメント（以下本項では「MP社」という）は，令和4年2月28日，不正アクセス被害を受け，最大で46万395件のクレカ情報等が漏えいした可能性があることを明らかにした。これに関し，個人情報保護委員会は，同年7月13日，MP社に対し，安全管理措置義務に関して行政指導（個情法147条）を行った。その概要は以下のとおりである[10]。

【MP社に対する行政指導の概要[11]】

指導の原因となる事実 ・MP社は，決済代行業者として，多数の個人データ（顧客の個人情報）についても恒常的に取り扱っているものであり，個人データの適正な取扱いの確保について，組織としてより重点的に取り組む必要がある。 ・MP社では，情報セキュリティ基本規程上，個人データを含む自社が保有する

10　なお，MP社に対しては，同年6月30日に，経済産業省から割賦販売法35条の17の規定に基づく改善命令が発出されている。

11　令4・7・13個人情報保護委員会「株式会社メタップスペイメントに対する個人情報の保護に関する法律に基づく行政上の対応について」
https://www.ppc.go.jp/files/pdf/220713_houdou.pdf

　情報資産について棚卸しを実施することになっていたものの，情報資産管理台帳の整備がされていなかったため，棚卸しが適切に実施されず，どのシステムにおいて情報資産を取り扱っているかすら把握していなかった。
・MP社では，個人データの取扱状況についての監査・点検も一部実施しておらず，その重要性に見合った取扱いを行っていなかった。
・（MP社では，）内部監査規程等において規程の外形のみ整備していたものの，それを実行するための適切な人員配置等の実質を伴わず，技術的安全管理措置を含む情報セキュリティに対する内部監査が機能していなかった。
・（MP社では，）不正侵入を検知した際のセキュリティアラートについての十分な検証を行っていないなど，技術的安全管理措置の観点での対策が不十分であった。

指導の内容
(1)　組織的安全管理措置
ア　経営層および従業者は，社内手続を通じるなどして個人データを取り扱っている範囲を把握するとともに，すべての個人データについて，定期的に棚卸しを実施し，個人データの取扱状況についての監査・点検を実施すること。
イ　経営層は，技術的安全管理措置を含む情報セキュリティに対する内部監査において，能動的に関与することで，内部監査機能の強化を図ること。
(2)　技術的安全管理措置
　技術的安全管理措置に関し，MP社においてすでに策定した再発防止策を確実に実行すること。

②　地方自治体からの業務委託を受けていた事業者の事例

　株式会社BIPROGY（以下「BIPROGY社」という）は，令和4年6月23日，尼崎市から受託した業務を他の事業者にさらに委託していたところ，委託先の従業員が尼崎市全市民約46万人分の個人情報を含むUSBメモリを紛失する事故が生じた。これに関し，個人情報保護委員会は，同年9月21日，BIPROGY社に対し，安全管理措置義務および委託先の監督義務に関して行政指導（個情法147条）を行った。その概要は以下のとおりである[12]。

12　なお，同事案に関して，個人情報保護委員会は，令和5年2月22日に，USBメモリを紛失させた従業員の所属する委託先会社に対しても行政指導（個情法147条）を行っている。

【BIPROGY社に対する行政指導の概要[13]】

指導の原因となる事実

・重要な事務に関連して多量かつ機微性の高い個人データを恒常的に取り扱うというBIPROGY社の事業の性質を踏まえると，BIPROGY社においては，個人データの取扱いに関して個情法を厳に遵守すること，とりわけ，高い水準の安全管理措置等を講じることが求められる。

・尼崎市の情報システムにおいては，個人データが分離された複数のネットワーク環境で管理されているところ，システム間のデータ持ち運びをUSBメモリ等の電子媒体に頼らざるをえない業務が多く存在することからすれば，当該媒体等を紛失等した場合の影響は大きいものとなる。

・BIPROGY社においては，個情法23条に定める安全管理措置および個情法25条に定める委託先の監督について，以下の問題点が認められた。

①　BIPROGY社では，個人データの取扱いに係る規律自体は存在していたものの，同規律に従った運用を確保するための組織的安全管理措置が適切に講じられていなかった結果，個人データが保存された当該USBメモリを紛失するに至った。

②　①の事態を招いた原因として，そもそもBIPROGY社では，受託業務に関し，尼崎市から委託された個人データの取扱い上のリスクについて必要かつ適切な措置を検討するための体制がなく，現場担当者のみで判断することが実態となっており，適切な安全管理措置を講ずるための組織体制が整備されていなかった。

③　BIPROGY社では，個人データを取り扱う区域に対する入退室管理等の措置，個人データへの不要なアクセスを防ぐためのアクセス制御等の措置といった物理的・技術的安全管理措置が適切に講じられていなかった。

④　BIPROGY社の従業者であるプロジェクト責任者は，USBメモリを用いた拠点間の個人データ運搬作業を含む個人データの取扱いについて，具体的な手順や講ずべき安全管理措置に関して何ら指示することなく，委託先の従業者らに一任し，その検討結果の確認も行わず，また，委託先に対し実際の個人データの取扱いについて報告を求めまたは指示を行うことをしないなど，個人データの取扱状況を把握しておらず，委託先の監督を適切に行っていなかった。

13　令4・9・21個人情報保護委員会「BIPROGY株式会社に対する個人情報の保護に関する法律に基づく行政上の対応について」https://www.ppc.go.jp/files/pdf/220921_houdou.pdf

指導の内容

(1)　組織的安全管理措置

　BIPROGY社では，網羅的にリスクに応じて必要かつ適切な措置を検討し承認するといった適切な安全管理措置を講ずるための組織体制が整備されておらず（上記②），また，本件業務において個人データの取扱いに係る規律に従った運用が確保されていなかったこと（上記①）を踏まえ，同社が個人データの取扱いの委託を受けているすべての事業において，網羅的にリスクに応じて必要かつ適切な措置を検討し承認するといった適切な安全管理措置を講じるための組織体制を整備し，同社の管理規程および委託元と取り決めた管理規程等個人データの取扱いに係る規律の遵守状況を確認し，必要に応じてそれらの規律または管理体制を見直すこと。

(2)　物理的・技術的安全管理措置

　BIPROGY社は，物理的・技術的安全管理措置（上記③）に関し，すでに策定された再発防止策を確実に実施すること。

(3)　委託先の監督

　BIPROGY社では，委託先に対し実際の個人データの取扱状況について報告を求めまたは指示を行うといった個人データの取扱状況の把握のために必要な措置を行っていなかった点（上記④）を踏まえ，今後，同社が委託先に個人データの取扱いを委託する場合には，安全管理措置および個人データの取扱いに係る規律の意識および知見を持った責任者が再委託先等における個人データの取扱状況を適切に把握できるよう，モニタリング機能の強化を図ること。

(5)　実務上の注意点

　個情法ガイドライン（通則編）や，他分野向けの個情法ガイドラインは，あくまで手法を例示するにとどまる。そのため，安全管理措置およびその監督として，実際に何をどこまで実施すればよいのか，頭を悩ませる個人情報取扱事業者も多いものと思われる。そこで，以下インシデントレスポンスと特に関連の強い項目についての注意点を確認する。

①　インシデントレスポンスとの関係で要注意の安全管理措置

　インシデントレスポンスとの関係では，「表3　組織的安全管理措置」における「(1)組織体制の整備」，「(4)漏えい等事案に対応する体制の整備」への対応

が重要となる。同体制が適切に構築できていない場合，サイバーインシデント
が発生した際に迅速に対応することができず，速報・確報の期限を徒過したり，
本人への通知の遅れにつながったりする。そのため，自組織内の個人情報取扱
いに関する役割を適切に割り当て，万一サイバーインシデントが発生した際に
も，冷静かつ円滑に，社内外に情報連携ができるような体制を構築するのが望
ましい（表3）。

表3　組織的安全管理措置の具体例[14]

講じなければ ならない措置	手法の例示		中小規模事業者[15]に おける手法の例示
(1)組織体制 の整備	(組織体制として整備する項目の例) ・個人データの取扱いに関する責任者の設置お 　よび責任の明確化 ・個人データを取り扱う従業者およびその役割 　の明確化 ・上記の従業者が取り扱う個人データの範囲の 　明確化 ・個情法や個人情報取扱事業者において整備さ 　れている個人データの取扱いに係る規律に違 　反している事実または兆候を把握した場合の 　責任者への報告連絡体制 ・個人データの漏えい等事案の発生または兆候 　を把握した場合の責任者への報告連絡体制 ・個人データを複数の部署で取り扱う場合の各 　部署の役割分担および責任の明確化		個人データを取り扱う 従業者が複数いる場 合，責任ある立場の者 とその他の者を区分す る。
(4)漏えい等 事案に対 応する体 制の整備	漏えい等事案の発生時にたとえば次のような対 応を行うための，体制を整備することが考えら れる。 ・事実関係の調査および原因の究明 ・影響を受ける可能性のある本人への通知 ・個人情報保護委員会等への報告 ・再発防止策の検討および決定 ・事実関係および再発防止策等の公表　等		漏えい等事案の発生時 に備え，従業者から責 任ある立場の者に対す る報告連絡体制等をあ らかじめ確認する。

14　個情法ガイドライン（通則編）10-3「組織的安全管理措置」
15　従業員の数が100人以下の個人情報取扱事業者をいうが，①その事業の用に供する個人
　情報データベース等を構成する個人情報によって識別される特定の個人の数の合計が過去
　6カ月以内のいずれかの日において5,000を超える者，②委託を受けて個人データを取り
　扱う者を除く（個情法ガイドライン（通則編）10（別添）「講ずべき安全管理措置の内容」）。

②　サイバーセキュリティ体制を構築する上で参考となる安全管理措置

　平時におけるサイバーセキュリティ体制を構築する上で参考となるのは技術的安全管理措置である。個情法ガイドライン（通則編）に例示されている事項は，サイバーセキュリティを確保する上ではどれも基本的な事項に属する。そのため，まずは個情法ガイドライン（通則編）に例示されている事項が実施できているかを重点的に確認し，実施ができていない事項については，それを実施しない状態で本当に個人データの安全管理が実現できているかを再検討することから始める必要がある（表4）。その上で，上記のとおり，適切な措置は例示の内容に限られない（個情法ガイドライン（通則編）10（別添）「講ずべき安全管理措置の内容」）。そこで，IPA等の行政機関，業界団体，あるいは各種セキュリティベンダーの発するセキュリティに関する情報発信を定期的に確認し，自社に関わるものがないか，不足する措置がないかを定期的に確認・対応することが望ましい。

表4　技術的安全管理措置の具体例[1617]

講じなければならない措置	手法の例示	中小規模事業者における手法の例示
(1)アクセス制御	・個人情報データベース等を取り扱うことのできる情報システムを限定する。 ・情報システムによってアクセスすることのできる個人情報データベース等を限定する。 ・ユーザーIDに付与するアクセス権により，個人情報データベース等を取り扱う情報システムを使用できる従業者を限定する。	個人データを取り扱うことのできる機器および当該機器を取り扱う従業者を明確化し，個人データへの不要なアクセスを防止する。
(2)アクセス者の識別と認証	(情報システムを使用する従業者の識別・認証手法の例) ユーザーID，パスワード，磁気・ICカード等	機器に標準装備されているユーザー制御機能（ユーザーアカウント制御）により，個人情報データベース等を取

16　個情法ガイドライン（通則編）10-6

17　その他，個情法QA10-18ないし21も参照。

		り扱う情報システムを使用する従業者を識別・認証する。
(3)外部からの不正アクセス等の防止	・情報システムと外部ネットワークとの接続箇所にファイアウォール等を設置し，不正アクセスを遮断する。 ・情報システムおよび機器にセキュリティ対策ソフトウェア等（ウイルス対策ソフトウェア等）を導入し，不正ソフトウェアの有無を確認する。 ・機器やソフトウェア等に標準装備されている自動更新機能等の活用により，ソフトウェア等を最新状態とする。 ・ログ等の定期的な分析により，不正アクセス等を検知する。	・個人データを取り扱う機器等のオペレーティングシステムを最新の状態に保持する。 ・個人データを取り扱う機器等にセキュリティ対策ソフトウェア等を導入し，自動更新機能等の活用により，これを最新状態とする。
(4)情報システムの使用に伴う漏えい等の防止	・情報システムの設計時に安全性を確保し，継続的に見直す（情報システムの脆弱性を突いた攻撃への対策を講ずることも含む）。 ・個人データを含む通信の経路または内容を暗号化する。 ・移送する個人データについて，パスワード等による保護を行う。	メール等により個人データの含まれるファイルを送信する場合に，当該ファイルへのパスワードを設定する。

　また，委託先において情報漏えいが生じ，委託元の監督不十分が露見する事案は多い（上記(4)②記載のBIPROGY社の事案参照）。そして，サイバー攻撃との関係でも，最近ではいわゆるサプライチェーン攻撃の注目が高まっており，委託先管理は重要な問題となってきている。そのため，委託先との間で適切な内容の委託契約を締結し，安全管理措置が実施されていることを定期的に確認するのが望ましい。契約書中で規定すべき事項の具体例としては，①委託者および受託者の責任の明確化，②個人データの安全管理に関する事項，③再委託に関する事項，④個人データの取扱状況に関する委託者への報告の内容および頻度，⑤契約内容が遵守されていることを委託者が，定期的に，および適宜に確認できる事項，⑥契約内容が遵守されなかった場合の措置，⑦事件・事故が発生した場合の報告・連絡に関する事項，⑧契約終了後の措置等が考えられる[18]（その他，サイバーセキュリティおよび優越的地位の濫用の観点から検討すべき事項については，後記第3の2参照）。

③　セキュリティ認証取得のすすめ

　サイバーセキュリティ体制の構築の上では，Ｐマーク（JIS Q 15001）や
ISMS認証（ISO/IEC27001）の取得を目指すことも一案である。これらは，適
切な個人情報管理体制（Ｐマーク），あるいは適切な情報セキュリティ管理体
制（ISMS認証）が一定の規格に適合した形で構築されていることを示す認証
であり，ＰマークやISMS認証を取得するための体制を構築する上で対応しな
ければならない事項は，安全管理措置として講じなければならない措置（前記
表1）と重なる部分が多い。

　認証を取得・維持することには金銭的負担・運用上の負担を伴うが，個情法
上の安全管理措置およびサイバーセキュリティの確保に資するほか，認証を取
得すれば対外的な信用力の向上につながるというメリットがあるため，検討の
価値があると思われる。

18　一般財団法人日本情報経済社会推進協会（JIPDEC）「プライバシーマークにおける個人
　　情報保護マネジメントシステム構築・運用指針」（2022年4月28日改訂）55頁
　　https://privacymark.jp/system/guideline/pdf/pm_shishin2022.pdf

第*2*　取締役のサイバーセキュリティに関する責任

1　サイバーセキュリティ体制構築義務

　企業がサイバー攻撃を受けて損害が発生した場合，株主代表訴訟に発展する可能性がある。すなわち，取締役は善管注意義務・忠実義務の一内容として，内部統制システム構築義務（会社法348条3項4号，362条4項6号等）を負うと解されている。内部統制システムとは，裁判例を踏まえると「会社が営む事業の規模，特性等に応じたリスク管理体制」をいい，会社法の文言上は「業務の適正を確保するために必要なものとして法務省令で定める体制」をいうものとされている。この「法務省令」の1つである会社法施行規則の100条1項2号には「損失の危険の管理に関する規程その他の体制」の整備が規定されているところ，サイバーセキュリティに関するリスクが会社に重大な損失をもたらす危険のある場合には，このサイバーセキュリティ体制は「損失の危険の管理に関する体制」に含まれうる。

　そのため，取締役の内部統制システム構築義務には，適切なサイバーセキュリティを講じる義務が含まれうるのである。

　そして，サイバーセキュリティ体制の構築および運用が内部統制システム構築義務の一環として取締役の義務であることの帰結として，構築したサイバーセキュリティ体制が当該会社の規模や業務内容に鑑みて適切でなかったり，構築されたサイバーセキュリティ体制自体は適切なものであったとしても，その体制が実際には定められたとおりに運用されておらず，取締役がそれを知り，または注意すれば知ることができたにもかかわらず，長期間放置していたりするような場合には任務懈怠責任が生じる。

　その結果，サイバー攻撃を受けて損害が会社に発生した場合には，株主代表

訴訟として取締役に対する損害賠償請求が提起されることが想定されるのである。

　もっとも，サイバー攻撃により損害が発生したことからただちに任務懈怠責任が肯定されるわけではない。

　すなわち，企業ごとに事業内容や規模，経営状態が異なるため，それぞれの実情にあわせて内部統制システムの内容を決定する必要があり，その決定には高度な経営上の知見・経験が必要となる。そのため，取締役に広い裁量が認められるべきであるから，義務違反の審査は経営判断の枠組みによって行うことが適当であるとされる[19]。

　サイバーセキュリティは，まさに充てるべき予算の上限，企業の守るべき情報資産，ネットワークの構成，確保できる人材が企業の事業内容や規模，経営状態に応じて様々であることから，高度な経営上の知見・経験を踏まえた判断が必要となる。

　そのため，経営判断原則の適用を受ける結果，その判断の過程，内容に著しく不合理な点がない限り，取締役としての善管注意義務に違反するものではないとされるべきである（最判平成22・7・15判時2091号90頁参照）。

　この取締役のサイバーセキュリティについての義務は近年認識されつつあり，2022年6月17日サイバーセキュリティ戦略本部「重要インフラのサイバーセキュリティに係る行動計画」では，重要インフラ分野に限ったものであるが，「経営層の内部統制システム構築義務には，適切なサイバーセキュリティを講じる義務が含まれ得る」，「組織の意思決定機関が決定したサイバーセキュリティ体制が，当該組織の規模や業務内容に鑑みて適切でなかったため，組織が保有する情報が漏えい，改ざん又は滅失（消失）若しくは毀損（破壊）されたことにより会社に損害が生じた場合，体制の決定に関与した経営層は，組織に対して，任務懈怠（けたい）に基づく損害賠償責任を問われ得る」と明記された。

19　田中亘『会社法第4版』（東京大学出版会，2023年）292頁，東京地判平成21年10月22日判時2064号139頁

2　サイバーリスクBCP構築義務

　取締役が構築義務を負うサイバーセキュリティ体制の具体的な一内容として，サイバーリスクBCPが考えられる。

(1)　BCPとは

　BCP（Business Continuity Plan）とは，事業継続計画のことをいう。企業は，災害や事故で被害を受けた場合，自社従業員の安否の確保に加え，取引先等の利害関係者との関係で，重要業務を中断させないこと，仮に中断したとしても可能な限り短い期間で再開することが重要となる。

　重要業務が長期にわたって中断すると，顧客の他社への流出，マーケットシェアの低下，企業評価の低下などを招くこととなる。

　こうした事態を可及的に防ぎ，事業継続を確保するための計画がBCPである。

　古くは2003年9月に中央防災会議に設置された「民間と市場の力を活かした防災力向上に関する専門調査会」において，BCPに関する指針の検討が必要との提言がなされたとされる。この提言を踏まえ，2005年8月1日に，わが国における事業継続の取組みのあり方の指針として「事業継続ガイドライン第一版」が制定された。

　図2−2の「BCP策定状況」[20]によると，2011年（平成23年）の東日本大震災の後からBCPの重要性は本格的な注目を集めるようになったと思われる。また同図では，2021年（令和3年）時点で，中堅企業においては40.2％が「策定済み」および11.7％が「策定中」，大企業においては70.8％の企業が「策定済み」および14.3％が「策定中」と回答しており，大企業を中心にBCPの策定が進んできていることがわかる。

20　内閣府（防災担当）「令和3年度企業の事業継続及び防災の取組に関する実態調査」（令和4年3月）6頁

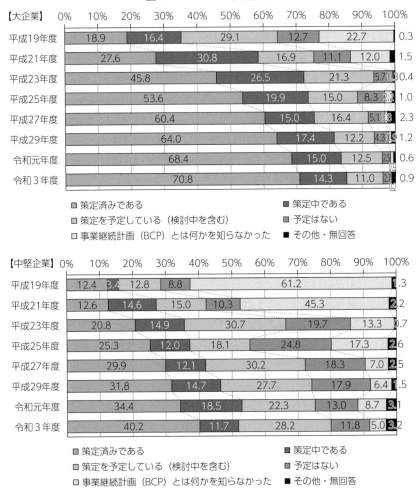

図2－2　BCP策定状況

　BCPの具体的な内容としては，有事の際の対策責任者の決定，オフィスの確保，即応可能な要員の確保，迅速な安否確認などを挙げることができる。

(2)　IT－BCP

　このBCPの中でも，IT資源の可用性に着目したものとしてIT－BCPがある。ほぼすべての企業において，在庫管理や受発注管理，顧客管理等，その事業は

情報システムやネットワークの稼動を前提に構築されている。情報システムに障害が発生した，あるいはネットワークが中断した場合に，BCPの準備がない企業は，工場を稼動させることも，顧客にサービスを提供することも不可能な状況に追い込まれる可能性がある。こうした状況に備えて情報システムおよびネットワークといったIT資源に基づく事業の継続に着目した計画がIT-BCPである。

IT-BCPの一例として，「事業継続計画策定ガイドライン」[21]は以下のようなものを挙げる。

○ホットスタンバイ，ホットサイト（同等の機器やシステムを準備し，同じ動作を行わすもの）
○ウォームサイト（同等の機器を準備しておくこと）
○コールドサイト（機器のスペースをあらかじめ準備しておくこと）
○内部分散システムおよびネットワーク
○相互援助協定（災害時における要員や機器等のリソース共有）
○上記の組み合わせ

---

(3)　サイバーリスクBCP

このIT-BCPにサイバー攻撃の特殊性を加えたものがサイバーリスクBCPである。すなわち，IT-BCPは，発動の契機として，サイバー攻撃だけでなく，人為ミス，自然災害を広く想定し，その結果としてシステムのハード障害，アプリケーション障害，通信回線障害等に備えた計画である。サイバーリスクBCPでは，IT-BCPにサイバー攻撃の特殊性を加えることになる。特殊性の一例としては，事故原因・被害範囲の調査の重要性がある。すなわち，サイバー攻撃では事業復旧を急ぐだけでは足りず，人為ミスや自然災害に起因するシステム障害に比して事実関係の調査が重要となる。この調査が不十分だと，たとえば攻撃者が配置したバックドアが残存する結果，引き続いてサイバー攻撃の脅威に晒され続けることになりかねないからである。また情報漏えいの有無お

21　経済産業省「事業継続計画策定ガイドライン」
　https://warp.da.ndl.go.jp/info:ndljp/pid/11457937/www.meti.go.jp/policy/netsecurity/downloadfiles/6_bcpguide.pdf

よび範囲が判明しないと，取引先への説明責任が不十分となったり，法的紛争に発展した際の主張・立証に不利な影響が及んだりすることとなる。サイバーリスクBCPでは，事業復旧に先行または並行したサイバー攻撃の事故原因・被害範囲の調査に係る計画も十分に盛り込んでいくこととなる。

　呼称の別は措くとしてサイバーリスクBCPの重要性の高まりは，以下のような文書で再三言及されていることからも伺うことができる。たとえば，経済産業省「サイバーセキュリティ経営ガイドラインVer3.0」[22]においては，「インシデントによる被害に備えた事業継続・復旧体制の整備」の具体的内容として，「インシデントにより業務停止等に至った場合，企業経営への影響を考慮していつまでに復旧すべきかを特定し，復旧に向けた手順書策定や，復旧対応体制の整備をさせる」こと，および「制御系も含めたBCPとの連携等，組織全体として有効かつ整合のとれた復旧目標計画を定めさせる」ことが摘示されている。また，経団連が公表している「サイバーリスクハンドブック　取締役向けハンドブック」において，サイバーリスクに関する「対応計画」や「組織のサイバーセキュリティインシデント対応計画」[23]が繰り返し言及されている。

3　再発防止に係るサイバーセキュリティ体制再構築義務

　取締役が構築義務を負うサイバーセキュリティ体制の具体的な一内容として，再発防止策に係るサイバーセキュリティ体制が考えられる。

　ランサムウェアによるサイバー攻撃について，"almost 40 companies were compromised by different gangs twice in 2021, …17 more companies were attacked for a second time following an earlier compromise in 2020"[24]（筆者訳：「2021年に約40社が2回不正アクセスを受けた。……その他にも17以上の

22　経済産業省＝IPA「サイバーセキュリティ経営ガイドラインVer3.0」（令和5年3月24日）
　　https://www.meti.go.jp/policy/netsecurity/downloadfiles/guide_v3.0.pdf
23　「サイバーリスクハンドブック　取締役向けハンドブック」
　　https://www.keidanren.or.jp/policy/cybersecurity/CyberRiskHandbook.pdf#page=3
24　KELA Cybercrime Intelligence "Beware. Ransomware. Top Trends of 2021"

企業が2020年に１回目の不正アクセスを受け，2021年に２回目の不正アクセスを受けた」）というデータがある。

　また，別のレポート[25]によれば "80% of those who paid a ransom experienced another attack"（筆者訳：「身代金を支払った企業の80％がもう一度攻撃を受けている」）というデータも公表されている。

　これらのデータからは，一度サイバー攻撃を受けた企業は，サイバー攻撃者集団に繰り返しターゲットとして狙われる可能性が高いことがうかがわれる。

　そうであれば，一度サイバー攻撃を受けた企業においては，二度と同種の手法のサイバー攻撃を受けないよう，再発防止策を策定する重要性は極めて高いといえる。そして，その再発防止策は，上記のサイバーセキュリティ体制の再構築に他ならない。

　サイバー攻撃を未然に防ぐための体制である点で，再発防止策もサイバーセキュリティ体制の一環といえる。違いとしては，一般的なサイバーセキュリティ体制は過去のサイバーインシデントの発生と関係なく論じられてきたのに対して，再発防止策の策定はすでに発生したサイバーインシデントを前提とする点である。

　では，すでに発生したサイバーインシデントを前提とする再発防止策の策定にあたっては，より高度なサイバーセキュリティ体制構築義務が課されるのであろうか。

　この点について参考になるものとして，繰り返し発生する社内の違法行為に対する管理体制について，取締役の責任を認めた大阪高判平14・11・21[26]がある。同裁判例は，社内で繰り返される違法行為について「会社として，社内的にこのような違法行為が繰り返されないような管理体制をとる必要があったものといわなければならない」，「違法行為が発生しそのため当該相手方等に被害を生ずることを防止する管理体制を整えるべき義務があったというべきである」とする。

　そして，同裁判例について，「繰り返される不正行為の発生を受けて，その

25　Cybereason社 "Ransomware The True Cost To Business"（2022年６月）
26　大阪高判平14・11・21民集59巻９号2488頁

不正行為についての予見が可能となった特別な事情が認められる以上，それを防止しえない現状の内部統制システムでは足りず，より高度な内容の内部統制システムの構築が要求されていることを示唆している」[27]と評する見解が存在する。

　当該裁判例の事案とサイバー攻撃とでは内部者による不正行為と外部者によるサイバー攻撃という違いはあるものの，双方とも損害を発生させるインシデントであり，かつ内部統制システムにおいて発生を防止することが期待されているインシデントであるという点で共通している。そのため，一度インシデントが発生し，そのインシデントについての予見が可能となったという特別な事情が認められる以上，再発防止策の策定にあたっては，それを防止しえなかった現状のサイバーセキュリティ体制では足りず，より高度な内容のサイバーセキュリティ体制の構築が要求されていると解することも不自然ではない。

　上記のとおり高度な内容のサイバーセキュリティ体制の構築義務が課される可能性があることに加え，一度サイバー攻撃を受けた企業の取締役として，予見可能性を前提とする過失も認められる可能性は高くなることが想定される。

　この点を論じた裁判例も存在しないが，参考になる裁判例として社内の不正行為を防止するためのリスク管理体制の構築義務の違反について過失があったとして会社法350条に基づく責任が問われた最判平21・7・9[28]がある。

　同判例は，内部者による「通常容易に想定し難い方法による」不正行為について，「不正行為の発生を予見すべきであったという特別な事情」の有無を検討し，「特別な事情」の例示として，「本件以前に同様の手法による不正行為が行われたこと」を摘示している。当該裁判例の事案とサイバー攻撃とでは，上述のように内部者による不正行為と外部者によるサイバー攻撃との違いはあるものの，双方とも損害を発生させるインシデントである点では共通している。また，過去にサイバー攻撃を受けたことがあり，しかも，一度サイバー攻撃を受けた企業はサイバー攻撃者集団に繰り返しターゲットとして狙われる可能性が高いことを示すデータがいくつも報じられている状況下においては，繰り返

27　山本将成「繰り返される不正行為と内部統制システム構築義務」名古屋大学法政論集 267号（2016年）

28　最判平21・7・9判時2055号147頁

し同種のサイバー攻撃を受けることの予見可能性は高いといえる。

　そうであるにもかかわらず，同種のサイバー攻撃により会社または第三者に再び損害が生じた場合には，取締役の任務懈怠および過失（重過失を含む）が認められ，取締役の損害賠償責任が肯定される可能性はさらに高くなるといえる。

第*3* 取引先との関係

1　契約上の留意点

　サイバー攻撃により企業から情報が窃取される場合，窃取される対象の情報は個人情報に限られない。近時のランサムウェア攻撃においては，企業内のネットワークに侵入してファイルサーバから大量のデータが外部に送信されて窃取される。このファイルサーバには個人情報だけではなく，自社で作成した電子ファイルや取引先から受領した電子ファイルも多数含まれる。そのため，取引先との機密保持契約上，機密情報として扱われる電子ファイルが攻撃者により窃取される場合，企業は，当該取引先から機密保持義務違反を理由とした債務不履行責任を問われうる。

　また，同じくランサムウェア攻撃においては，ネットワーク内の重要なファイルやデータが暗号化され，事業用システムに障害が発生する。これにより，納品の遅れやサービスの一時中断が生じると，履行遅滞や履行不能といった債務不履行責任を問われうる。

　実際，2023年6月5日に発生した株式会社エムケイシステムに対するランサムウェア攻撃事案では，同社が提供するSaaSサービス「社労夢」に暗号化被害が生じ，当該サービスの対象であるユーザーの大半に対して正常にサービスを提供できない事態が生じた（以下この事案を「社労夢事案」という）[29]。

　サイバー攻撃を受け，契約関係にない個人について個人情報を漏えいすると，企業は個人からプライバシー権の侵害を理由とした不法行為に基づく損害賠償請求を受けることになる。他方で，取引先との関係では機密保持義務違反の場

---

[29]　株式会社エムケイシステム「当社サーバへの不正アクセスに関する調査結果のご報告（第3報）」（2023年7月19日）https://contents.xj-storage.jp/xcontents/AS97180/813d570f/5138/4bc7/a113/f4837598df38/140120230719524126.pdf

合であれ，履行遅滞や履行不能の場合であれ，一般的には債務不履行という契約責任の問題が生じる。契約責任である以上，契約によるリスクコントロールが可能となる。

　契約によるリスクコントロールを考える上では，自社がサイバー攻撃を受ける場合と取引先がサイバー攻撃を受ける場合のそれぞれのリスクを想定して，契約条項を考える必要がある。

　「サイバーセキュリティ経営ガイドラインver3.0」においても，経営者が認識すべき3原則の1つに，自社はもちろんのこと，ビジネスパートナーや委託先等も含めたサプライチェーン全体にわたるセキュリティ対策への目配りが必要とされている[30]。

(1)　自社が攻撃を受けた場合を想定した契約上の留意点

①　不可抗力・免責条項

　民法上，債務不履行が，契約その他の債務の発生原因および取引上の社会通念に照らして債務者の責めに帰することができない事由によるものであるときは，債務者は損害賠償責任を負わないものとされる（同法415条1項ただし書）。

　また，当事者があらかじめ損害賠償責任を免除したり制限したりする合意は，これを無効とする法律の規定がなければ，原則として有効であると解されている[31]。

　契約実務においても，天災や戦争等の不可抗力が原因で発生した債務不履行について債務者が債務不履行責任を負わないことを規定したり（不可抗力条項），一定の事由を免責事由として定め，当該事由の発生により履行に支障が生じても債務者が債務不履行責任を負わないことを規定したり（免責条項）することは一般的に行われている。

　この点，不可抗力とは，外部から生じた原因であり，かつ防止のために相当の注意をしても防止することができない事由であるなどとされており，元来，

30　経済産業省＝IPA・前掲注22）5頁

31　小粥太郎「第415条（債務不履行による損害賠償）」磯村保編『新注釈民法(8)債権(1)』（有斐閣，2022年）565頁

人の力による支配・統制を観念することのできない自然現象や社会現象がこれに当たると考えられてきたが，不可抗力概念に内包されるものについては論者により違いがある[32]。

　実際にサイバー攻撃により債務不履行が生じた場合，仮に「戦争，テロ行為……その他の不可抗力により」といったいくつかの事由が例示列挙された不可抗力条項または免責条項が存在し，かつ，実際に行われたサイバー攻撃が万全のセキュリティ対策をもってしても防ぐことが難しい高度なレベルのものであったとしても，サイバー攻撃[33]が不可抗力事由または免責事由として具体的に明記されていないと，不可抗力事由または免責事由に該当するか否かが当事者間で争点となる可能性が高く，最悪の場合にはサイバー攻撃が不可抗力に該当しないという判断が下される可能性がある。

　そのため，自社がサイバー攻撃を受けた場合のことを想定すると，債務不履行責任を免れるべく不可効力事由または免責事由としてサイバー攻撃を明記しておくことが望ましいといえる。

【サイバー攻撃が不可抗力事由として列挙されている規定の例】

当社は，天災地変，火災，戦争，テロ行為，疫病の蔓延，法令の改廃，悪意の第三者によるサイバー攻撃その他不可抗力により，利用者が本サービスを利用することができなくなった場合であっても，これにより利用者に生じた損害について，一切の責任を負わないものとする。

【サイバー攻撃による損害について免責とする規定の例】

当社は，コンピュータウィルス，ハッキング，サイバー攻撃，第三者による不正アクセス行為その他セキュリティの脆弱性に起因・関連して利用者に生じた損害

32　北川善太郎＝潮見佳男「第415条（債務不履行による損害賠償）」奥田昌道編『新版注釈民法⑽Ⅱ－債権(1)債権の目的・効力(2)』（有斐閣，2011年）172頁，潮見佳男『新債権総論Ⅰ』（信山社，2017年）383頁〜384頁

33　経済産業省＝IPA・前掲注22）47頁において，サイバー攻撃とは，コンピュータシステムやネットワークに，悪意を持った攻撃者が不正に侵入し，データの窃取・破壊や不正プログラムの実行等を行うことと定義されている。

> についてデータ等の復旧その他一切の責任を負わないものとする。

　ただし，不可抗力事由または免責事由としてサイバー攻撃を明記した場合であっても，上記の不可抗力の定義によれば，相当の注意をすれば防止できるサイバー攻撃に起因する損害については，免責が認められない可能性が高い。そのため，IPAやJPCERT/CCといった専門機関から注意喚起がされており，サイバー攻撃が行われた当時の技術水準に沿ったセキュリティ対策が施されていれば容易に防止できたような場合には，免責が認められない可能性が高いことには留意が必要である。

　また，実際に不可抗力条項または免責条項により免責が認められるためには，当該不可抗力事由または免責事由によって債務不履行が生じたと認められる必要があると考えられる。そのため，サイバー攻撃そのものは容易に防止できず不可抗力事由または免責事由に該当しうるものであっても，早期に復旧させることが可能であったのに，これを怠り債務不履行を生じさせた場合には，当該不可抗力事由または免責事由によって債務不履行が生じたとは認められないとして，免責が認められないと考えられることにも留意が必要である。

②　賠償制限条項

　民法上，債務不履行に基づく損害賠償は，通常生ずべき損害（通常損害），および当事者[34]が予見すべきであったときは，特別の事情によって生じた損害（特別損害）について認められている（同法416条1項・2項）。そして，これらの損害には逸失利益も含まれると解されている[35]。

　そのため，契約実務においては，多額の損害賠償責任を免れるために，損害賠償の範囲を直接損害[36]や通常損害に限定し，特別損害や逸失利益を賠償すべき損害から除くことを明記したり，賠償すべき損害額に一定の上限[37]を設けた

34　判例・通説によれば，予見の主体は債務者と解されている（大判大7・8・27民録24輯1658頁，荻野奈緒「第416条（損害賠償の範囲）」磯村保編『新注釈民法(8)債権(1)』（有斐閣，2022年）657頁）。

35　荻野・前掲注34）636頁

りすること（このような条項を以下「賠償制限条項」という）が一般的に行われている。

　この点，企業がサイバー攻撃により事業の中断に追い込まれ，取引先に対して債務不履行を起こす場合，同時に多数の取引先との関係で債務不履行責任を問われる可能性が高い。そのため，民法が適用されると，企業にとっては，全体として多額の損害賠償責任を負わなければならない事態が想定される。そこで，自社がサイバー攻撃を受けた場合のことを想定すると，賠償制限条項を定めておくことが望ましい[38]。特に上記の社労夢事案のようにSaaS事業を行う場合は，利用者が多数に上るため，利用規約において賠償制限条項を設けることの必要性は極めて高いといえる。

　ただし，賠償制限条項を定めたとしても，判例・通説的見解によれば，債務者の故意または重過失による債務不履行の場合には，賠償制限条項が無効，または適用されないと解されている[39]。

　一般に，故意とは，債務不履行を生ずべきことを知って，あえて何事かをすること，または何もしないでいることをいう[40]。他方，重過失とは，判例によれば，通常人に要求される程度の相当な注意をしないでも，わずかな注意さえすれば，たやすく違法有害な結果を予見することができた場合であるのに，漫然とこれを見過ごしたような，ほとんど故意に近い著しい注意欠如の状態をい

36　賠償制限条項の中に，「直接損害」または「間接損害」という用語が用いられることがあるが，直接・間接の区別は日本法の概念に基づくものではなく，損害賠償の範囲が必ずしも明確にはならないことに留意する必要がある。

37　上限の定め方としては，特定の金額を上限としたり，契約金額を基準として，その何倍または何カ月分としたりすることが行われている。

38　また，契約当事者間においては，債務不履行に基づく損害賠償請求のみならず，債務の履行に際してなされた不法行為に基づく損害賠償請求として，不法行為責任の追及が行われる場合がある。そのため，契約実務においては，債務不履行に基づく損害賠償請求のみならず，不法行為その他の請求原因に基づく損害賠償請求についても，賠償制限の対象となることを明記することがあり，このような合意も一般に有効であると解されている（消費者庁「消費者契約法逐条解説」（令和5年9月）134頁）。ただし，このような明記がない場合であっても，賠償制限条項を定めた当事者の合理的な意思解釈により，賠償制限条項は債務不履行に基づく損害賠償請求のみならず，不法行為に基づく損害賠償請求の場合にも適用されると解する判例がある（最判平10・4・30判タ980号101頁）。

39　小粥・前掲注31）565頁，最判平15・2・28裁判集民209号143頁

40　小粥・前掲注31）436頁

うとされる[41]が，下級審裁判例では，結果の予見が可能であり，かつ容易であること，結果の回避が可能であり，かつ容易であることを前提とした著しい注意義務違反と解するものもある[42]。

　この点，サイバー攻撃に関連するものとして，開発を委託したウェブサイトにおける商品の受注システムにSQLインジェクションに対する脆弱性があり，顧客情報が漏えいした事案において，裁判所は，賠償制限条項について，損害賠償額を一定の範囲内に制限することにより，契約金額を低額に設定することができる機能に一定の合理性があるとして，その有効性を認めつつ，権利・法益の侵害について故意または重過失がある場合にまで，当該条項により損害賠償が制限されるとすることは，著しく衡平を害し，当事者の通常の意思に合致しないとして，受注者に故意または重過失がある場合には，賠償制限条項が適用されないと判示している[43]。

　しかし，重過失の場合の賠償制限条項（以下「重過失賠償制限条項」という）の有効性については特に議論があり[44]，また免責条項や賠償制限条項の効力を考える上で決定的なのは，故意・重過失か，軽過失かという点ではなく，個別具体的事件に対して当該条項を適用することが信義則に反し不当でないか，また公序良俗に反しないかであるとの指摘もされている[45]。

　そのため，重過失賠償制限条項については，後述のとおり消費者契約法の対象となるBtoCの契約においては無効となるとしても，BtoBの契約においては，別の考え方が採られる余地がないわけではないと考えられる。すなわち，対等な交渉力を有する企業間の契約において，契約交渉の対象となる契約書に重過失賠償制限条項が存在する場合，契約当事者となる企業は，当該条項に伴って生ずるリスクを検討の上で引き受けているといえる。さらに，特にBtoBのシステム開発契約やSaaS型のサービスにおいて，重過失賠償制限条項を一律に無効または適用されないとすると，コストとリスクが見合わず，こうしたサー

41　最判昭32・7・9民集11巻7号1203頁
42　東京高判平25・7・24判タ1394号93頁
43　東京地判平26・1・23判時2221号71頁
44　小粥・前掲注31）565頁
45　北川＝潮見・前掲注32）218頁

ビスに萎縮効果を及ぼしかねないことが懸念される。こうした事情を踏まえると，BtoBの契約における重過失賠償制限条項については，適切にリスクが引き受けられていると認められる場合には，無効または制限されることはないという考え方にも一定の合理性はあるものと思われる。

　ただし，判例・通説的見解や上記の裁判例を踏まえると，実務上は故意のみならず，重過失が認められる場合にも，賠償制限条項の適用が制限される可能性は高いことから，企業としては，賠償制限条項を定めたときであっても，同条項が無効または制限されることに備えて，故意または重過失が認定されないよう日頃からセキュリティ対策を十分に講じておくべきことに留意が必要である。

　なお，故意または重過失が認められなくても，低廉な上限額を定める賠償制限条項については，それが定型約款（民法548条の2第1項）に定められたものであれば，相手方の権利を制限し，または相手方の義務を加重する条項であって，その定型取引の態様およびその実情ならびに取引上の社会通念に照らして民法1条2項に規定する基本原則に反して相手方の利益を一方的に害するとして無効であると解される可能性がある（民法548条の2第2項）。他方，定型約款に定められたものでなくても，個別の事案によっては信義則により適用が制限される可能性も否定できない。システム開発業務委託契約に定められた賠償制限条項について，委託した業務の内容に比して損害賠償の上限が低廉に過ぎるとして，信義則により，受託者が作成しようとしていたシステムの出来高を上限とし，間接的・派生的な損害については一切の責任を負わないという限度においてのみ，賠償制限条項を有効と解した裁判例がある[46]。

　企業としては，必要なサイバーセキュリティ対策に要する費用も考慮した上で，適切な商品またはサービスの価格設定を行い，当該価格との間で合理的な上限額を設定するなどの配慮が必要であると考えられよう。

【軽過失の場合に賠償額の上限を定める規定の例】

当社に故意または重過失がある場合を除き，当社が利用者に対して負う損害賠償額は，当該利用者が過去6カ月間に当社に対して支払ったサービス利用料の合計

46　東京地判平16・4・26（判例集未掲載）

金額を上限額とする。

**【軽過失の場合を免責とし，故意・重過失の場合に
賠償額の上限を定める規定の例】**

本サービスの利用に関して利用者に生じた損害については，当社の故意または重
過失によるものである場合に限り，直接かつ現実に発生した損害の範囲でのみ賠
償するものとし，その賠償額は，当該損害が生じた月から遡って3カ月の間に利
用者が当社に実際に支払ったサービス利用料金の範囲に限定されるものとする。

③　消費者契約の場合

　BtoCのサービスを提供する企業がサイバー攻撃を受けると大量の個人デー
タが漏えいすることとなる。また，BtoCのクラウド型サービスやSaaS型のサー
ビスを提供する企業がサイバー攻撃を受けてサービスが長期間停止に追い込ま
れると，多くの消費者との関係でその賠償責任が問題となる。

　そこで，利用規約において賠償制限条項を設けておく必要性が高いといえる
が，一方で，消費者との取引については，利用規約の条項が消費者契約法上の
強行法規により無効とされることがある点に留意が必要である。

　まず，事業者の債務不履行により消費者に生じた損害を賠償する責任（以下
「事業者の債務不履行責任」という）の全部を免除し，または当該事業者にそ
の責任の有無を決定する権限を付与する条項は無効とされる（消費者契約法8
条1項1号）。そのため，「故意または過失があっても事業者は一切損害賠償責
任を負わない」，「過失があると事業者が認めたときに限り，事業者は損害賠償
責任を負う」などの条項は，消費者契約法8条1項1号に該当し無効となる。

　次に，事業者に故意または重過失がある場合において，事業者の債務不履行
責任の一部を免除し，または当該事業者にその責任の限度を決定する権限を付
与する条項は，無効とされる（消費者契約法8条1項2号）。そのため，「いか
なる理由があっても，事業者の損害賠償責任は○○○円を上限とする」などの
条項は，消費者契約法8条1項2号に該当し無効となる。

　また，不法行為責任に基づき損害賠償請求される場合を想定して，契約の履

行に際してなされた不法行為による損害賠償責任を免除または制限する条項を設けることがあるが，この場合においても，事業者の債務不履行責任の場合と同様に，㋐消費者に生じた損害を賠償する責任の全部を免除し，または当該事業者にその責任の有無を決定する権限を付与する条項，および㋑事業者に故意または重大な過失がある場合に消費者に生じた損害を賠償する責任の一部を免除し，または当該事業者にその責任の限度を決定する権限を付与する条項は，無効とされる（消費者契約法8条1項3号・4号）。

　さらに，軽過失により消費者に生じた損害を賠償する責任の一部を免除する消費者契約の条項であっても，当該条項においてそれが事業者の軽過失による行為にのみ適用されることを明らかにしていないものは，無効とされる（消費者契約法8条3項）。そのため，「法令に違反しない限り，事業者の損害賠償責任は○○○円を上限とする」などとし，賠償制限が事業者の軽過失の場合に適用されることが明らかではない条項は，消費者契約法8条3項に該当し無効となる。

　以上のほか，法令中の公の秩序に関しない規定の適用による場合に比して消費者の権利を制限しまたは消費者の義務を加重する消費者契約の条項であって，民法1条2項に規定する基本原則に反して消費者の利益を一方的に害するものは，無効とされる（消費者契約法10条）。そのため，軽過失の場合における一部免除に関しても，その免除の程度が大きく，民法416条の適用による場合よりも消費者の権利を制限するものであって，民法の信義則に反する程度に消費者の利益を一方的に害すると考えられるものについては，消費者契約法10条に該当し無効となる可能性があることには注意が必要である。

【消費者契約に賠償制限条項を設ける場合の規定の例】

当社が利用者に対して負う損害賠償責任は，当社に故意または重過失がある場合を除き，利用者が当社に実際に支払ったサービス利用料金の範囲に限定されるものとする。

(2) 取引先が攻撃を受けた場合を想定した契約上の留意点

① サイバーセキュリティ対策を講じさせる条項

取引先がサイバー攻撃を受けた場合を想定した条項として，取引先に一定のセキュリティ対策を講じることや一定のセキュリティ水準を確保することを義務づける条項を設けることが考えられる。

取引先において適切なサイバーセキュリティ対策が行われていない場合，取引先がサイバー攻撃を受けて，履行遅滞や履行不能等の債務不履行が生じるリスクのほか，取引先を踏み台として自社がサイバー攻撃を受けるリスクもある。

契約上，一定の義務づけがされていない場合またはそれが抽象的である場合には，仮に取引先がサイバー攻撃を受けて，自社が損害を被った場合でも，取引先は，セキュリティに関する義務の存在や義務違反の存在を否定して争ってくる可能性が高い。

裁判例においても，何者かの不正アクセスによりウェブサイトからクレジットカード情報が漏えいしたため，クレジットカード決済代行会社が，サイト運営事業者に損害賠償請求をした事案において，「契約者（サイト運営事業者）は，会員のカード情報及び決済システムを第三者に閲覧，改ざんまたは破壊されないための措置を講じるとともに，契約者のサイトを第三者に改ざんまたは破壊されないための措置を講じるものとする」という条項は存在したもののそれ以上に具体的な義務が明記されていなかったために，サイト運営事業者がいかなる程度のセキュリティ対策をとるかが争点となった[47]。

契約書や仕様書によって一定の義務づけが具体的にされていれば，当該義務の存在自体が争点となることは避けられるため，上記の場合に比べて，一般的には債務不履行責任の追及の難易度は下がるといえよう。

では，どのような内容のセキュリティ対策やセキュリティ水準を取引先に義務づけるべきか。この点に関しては，取引先に依頼する業務の内容，取引先の規模等によって変わってくるため，一概に決めることはできない。

---

47 東京地判平25・3・19Westlaw2013WLJPCA03198005。この裁判例においては，クレジットカードの情報という機密性の高い情報を扱わない通常のウェブサイトと比べると，費用を要する高度のセキュリティ対策を実施すべきであるという判示がされている。

　参考となるものとして，政府は，国の行政機関等が行う業務委託[48]について，取引先に対し，米国国立標準技術研究所（NIST）がSpecial Publication（SP）800-171として公表する"Protecting Controlled Unclassified Information in Nonfederal Systems and Organizations"（連邦政府外のシステムと組織における管理された非格付情報の保護）という文書（以下「NIST SP800-171」という）の内容に沿ったサイバーセキュリティ対策を義務づけることとした[49]。

　具体的には，国の行政機関等は，以下の内容をすべて含む情報セキュリティ対策について，あらかじめ委託先との契約に含めた上で，実施を求めるものとされた[50]。

---

① 情報セキュリティインシデント等への対処能力の確立・維持
② 情報へアクセスする主体の識別とアクセスの制御
③ ログの取得・監視
④ 情報を取り扱う機器等の物理的保護
⑤ 情報を取り扱う要員への周知と統制
⑥ セキュリティ脅威に対処するための資産管理・リスク評価
⑦ 委託先が取り扱う情報および当該情報を取り扱うシステムの完全性の保護
⑧ セキュリティ対策の検証・評価・見直し

　NIST SP800-171を参考にした取引先に対するサイバーセキュリティ対策の義務づけに関しては，防衛省において先行されており，装備品等および役務の調達における情報セキュリティ基準が定められ，令和5年4月1日から適用さ

48　当該業務において国の行政機関等の情報を取り扱わせる場合に限るが，「委任」，「準委任」，「請負」といった契約形態を問わず，すべて含むものとされる（サイバーセキュリティ戦略本部「政府機関等のサイバーセキュリティ対策のための統一基準（令和5年度版）」（令和5年7月4日）6頁）。
49　内閣官房 内閣サイバーセキュリティセンター政府機関総合対策グループ「政府機関等のサイバーセキュリティ対策のための統一基準群の概要」（令和5年7月）8頁
　　https://www.nisc.go.jp/pdf/policy/general/kijyungun-gaiyor5.pdf
50　内閣官房 内閣サイバーセキュリティセンター「政府機関等の対策基準策定のためのガイドライン（令和5年度版）」（令和5年7月4日）4.1.1(3)-1
　　https://www.nisc.go.jp/pdf/policy/general/guider5.pdf

れている[51]。

　これらはあくまでも国の行政機関等と取引をする企業（再委託先等を含む）が義務づけられるものではあるが，NIST SP800-171に準拠した情報セキュリティ対策の推進は，民間事業者においても採用されつつあり[52]，今後はこのような流れが広がっていくことが考えられる。一方で，取引先に過度なサイバーセキュリティ対策を要求することは，後述のとおり，独占禁止法や下請法の問題にもなりうることから，対価等において取引先に生じるコストを適切に負担するなどの配慮が必要となる場合も生じえよう。

　また，一定のセキュリティ対策やセキュリティ水準の確保を求める条項を設けたとしても，実際にそれに沿った運用が行われなければ，サイバーセキュリティインシデントの発生を防止することはできない。その上，事後の損害賠償による被害回復には限界もある。そのため，取引先から契約内容の遵守状況について定期的に報告を受けたり，必要に応じて実地検査を行ったりするなど，監査を行うことができる旨の条項を設けることも重要である。

　さらに，セキュリティ対策やセキュリティ水準の確保が不十分な会社に再委託がされると，再委託先においてサイバーセキュリティインシデントが発生する事態になりかねない。この点，再委託の禁止や再委託に承認が必要なことを契約書に定めていない場合には，再委託が行われても，ただちに契約違反に当たるとはいいがたい。そこで，再委託をする場合には，事前承認を要する旨の条項を設け，再委託先においても一定のセキュリティ対策やセキュリティ水準の確保がされるようにすることも重要である。

【監査に関する規定の例】

　1　委託者は，受託者の本件業務の遂行状況，法令および本契約上の義務の遵守

51　令和4・3・31防衛装備庁（事）第137号「装備品等及び役務の調達における情報セキュリティの確保について（通達）」http://www.clearing.mod.go.jp/kunrei_data/j_fd/2021/jz20220331_00137_000.pdf。ただし，令和10年3月31日までは一定の場合に適用を猶予する特例が設けられている。

52　NIST SP800-171に準拠した情報セキュリティ対策を進める企業としてZホールディングス株式会社がある（https://www.z-holdings.co.jp/company/cybersecurity/）。

状況ならびに機密情報等の管理状況を確認するため，受託者を監査することができ，受託者はこれに応じるものとする。

2　委託者は，前項に定める監査を行うため，受託者に対して合理的に必要な範囲において随時報告書その他資料の提出を求めることができ，必要がある場合には，受託者の事業所において立入検査を実施することができる。

3　委託者は，前2項に定める監査の結果，必要と認める場合には，受託者に対し，その改善を求めることができ，受託者は直ちにこれに応じるものとする。

【再委託に関する規定の例】

1　受託者は，本件業務の全部または一部を第三者に再委託する場合には，委託者の事前の書面による承諾を取得しなければならないものとする。

2　前項の定めに従い，受託者が第三者に再委託する場合には，受託者は，当該第三者に対し，本契約に定める義務と同等の義務を課すものとし，当該第三者による本件業務の遂行について一切の責任を負うものとする。

②　報告義務を定める条項

取引先がサイバー攻撃を受けた場合，早期に事態を把握することができれば，自社としても被害の拡大を防止するための措置を講ずることができる。

また，個情法上，個人情報取扱事業者は，不正の目的をもって行われたおそれがある個人データの漏えい等が発生し，または発生したおそれがある事態が生じたときは，当該事態が生じた旨を個人情報保護委員会に報告しなければならず（同法26条1項本文，同法施行規則7条3号），①不正アクセス等により第三者に個人データを含む情報が窃取された場合，②ランサムウェア等により個人データが暗号化され，復元できなかった場合等には，報告が必要となる。漏えい等が発生したおそれについては，その時点で判明している事実関係から漏えい等が疑われるが，漏えい等が生じた確証がない場合がこれに該当するとされており[53]，たとえば，①個人データを格納しているサーバや当該サーバにアクセス権限を有する端末において，情報を窃取する振る舞いが判明している

53　個情法ガイドライン（通則編）3-5-3-1

マルウェアの感染が確認された場合，②C&Cサーバ（マルウェアに感染した
コンピュータに不正な指令を送り，制御するサーバ）が使用しているものとし
て知られているIPアドレス・FQDNへの通信が確認された場合等がこれに該当
しうる[54]。この報告義務の主体については，個人データの取扱いを委託してい
る場合，原則として委託元と委託先の双方が報告する義務を負う[55]。報告の時
期については，当該事態を知った後，速やかに「速報」をするとともに，60日
以内に「確報」をしなければならない（個情法施行規則8条1項・2項）。「速
やか」の日数の目安については，個別の事案によるものの，個人情報取扱事業
者が当該事態を知った時点から概ね3〜5日以内とされている[56]。

　そのため，自社の被害の拡大防止を図るとともに，委託先を適切に管理し，
個情法上の義務を全うするという観点からは，取引先がサイバー攻撃を受けた
場合，またはそのおそれがある場合には，適時に報告させるとともに，必要な
調査や協力（ログ等の証拠保全を含む）をさせる条項を設けることが望ましい。

　この点，実務的には「速やかに」報告することや「遅滞なく」報告すること
を定めたり，「ただちに」報告することを定めたりすることが行われている。
このうち，「ただちに」が最も時間的に近接したものを表すことにはなるが[57]，
期限が曖昧になることを避けるという観点からは，たとえば，発覚から2日以
内等と具体的に期限を明示することが望ましいといえよう。

【報告義務を定める規定の例】

　受託者は，サイバー攻撃を受けた場合，またはそのおそれがある場合，発覚から

54　前掲注53と同じ。
55　個情法ガイドライン（通則編）3-5-3-2。ただし，委託先が，報告義務を負っている委託
　　元に当該事態が発生したことを知った後，速やかに通知したときは，委託先は報告義務を
　　免除される（個情法26条1項ただし書，同法施行規則9条）。
56　個情法ガイドライン（通則編）3-5-3-3
57　「速やかに」という文言は，時間的に切迫してはいるものの，「ただちに」ほどは差し迫っ
　　てはいないとされている。また，「遅滞なく」という文言は，一般的には，「ただちに」や
　　「速やかに」よりは切迫したものではなく，時宜を失することなくという程度のニュアン
　　スであり，合理的な理由があれば，多少の遅れも許されるという意味合いを含むものとさ
　　れている（大森政輔＝鎌田薫編『立法学講義〔補遺〕』（商事法務，2011年）400頁〜401頁，
　　田島信威『最新　法令用語の基礎知識〔三訂版〕』（ぎょうせい，2005年）58頁〜59頁）。

> 2日以内に委託者に報告するとともに，委託者の指示に従い，必要な調査および協力を行うものとする。

③　付保を義務づける条項

　取引先の信用不安の担保として，契約実務上保険への加入（付保）を義務づける条項が存在する。

　サイバーセキュリティに関するものではないが，国がPFI事業を実施する上での実務上の指針として定めた契約に関するガイドラインには付保の義務づけの可否についての記載がある。その中では，事業者に付保を義務づける保険について，一般に民間保険会社による対応が可能とされている火災，暴風，洪水についてはリスクを事業者に負わせることが適切な場合が多いと考えられている[58]。

　これをサイバーセキュリティについて考えると，近年ではサイバーリスクの増加に応じて，自社の喪失利益のほか，サイバーセキュリティインシデントにより企業に生じた第三者に対する損害賠償責任やインシデント発生時に必要となる費用を補償するものとして，民間保険会社によるサイバー保険が普及している。

　「サイバーセキュリティ経営ガイドラインver3.0」においても，緊急時に備え，委託先に起因する被害に対する補償手段の確保として，委託先に対してサイバー保険への加入を推奨すると明記されている[59]。

　また，取引先の事業がサイバー攻撃により中断した場合，自社の被害額も多額になりうる。このような場合，取引先に対する損害賠償請求が認められるとしても，取引先は自らのフォレンジック調査（サイバーインシデントが発生した際の原因調査）費用や復旧費用に多額の支払を要するほか，多数の取引先や顧客から損害賠償請求を受けることが想定されることから，資力に問題が生じ

58　内閣府民間資金等活用事業推進室「契約に関するガイドライン−PFI事業契約における留意事項について−」（令和5年6月2日改正）126頁
　　https://www8.cao.go.jp/pfi/hourei/guideline/pdf/keiyaku_guideline.pdf
59　経済産業省＝IPA・前掲注22）30頁

る事態が懸念される。

　そのため，契約上，取引先に対してサイバー保険への加入を義務づける条項を設けることが考えられ，このような付保条項はサイバーセキュリティ対策として有用であると考えられる。

　付保を義務づける場合，補償される内容は保険会社や保険会社が提供するプランによって異なることから，漠然とサイバー保険への加入を義務づけるのみではなく，どのような条件のサイバー保険に加入すべきかまで取り決めることが望ましい。また，保険加入の事実を確認するため，保険証券等の提示まで義務づけることが望ましい。加えて，サイバー保険の契約期間は通例1年間とされているため，付保が必要な期間がこれを超える場合には，保険契約の更新と更新後の保険証券等の提示まで義務づけることが望ましい。

　ただし，サイバー保険への加入については，取引先に保険料の支出という負担を強いるものであることから，付保に係る費用，それによりリスク移転できる範囲等を勘案の上，付保に合理性が認められる範囲で定める必要があるといえる。また，後述のとおり，独占禁止法や下請法の問題には注意する必要があり，対価等において取引先に生じるコストを適切に負担するなどの配慮が必要になることもありうるといえよう。

【付保を義務づける規定の例】

> 受託者は，本契約期間中，別紙に定める条件を満たすサイバー保険に加入し，その証券の写しを委託者に提出する。本契約期間中，当該保険の保険期間が満了する場合，その都度，受託者はこれを更新するものとし，更新に係る証券の写しを委託者に提出する。

2　独占禁止法上の留意点

　昨今，製造業などの分野において顕著であるが，高度に複雑化したサプライチェーンが発達している。そのため，仮にサプライチェーンのうちの1社のみがランサムウェアなどのサイバー攻撃を受けたとしても，その影響は当該1社

にとどまらず，サプライチェーン全体に対し，事業の一時停止などの影響が波及するおそれが生じている。

　IPAの「情報セキュリティ10大脅威 2023」[60]において「サプライチェーンの弱点を悪用した攻撃」は，第２位（組織編）に挙げられており，具体的な事例として，「2022年３月，トヨタ自動車が取引先のシステム障害により国内全工場を停止した。その後，取引先の小島プレス工業が公開した報告書によると，同社の子会社が外部の企業との専用通信を行うために利用していたリモート接続機器の脆弱性を悪用した不正アクセスが行われたとのこと。子会社の社内ネットワークへの侵入後に同社の社内ネットワークにも侵入され，サーバーやPCへの攻撃の痕跡が確認された。この攻撃はランサムウェアによるものであり，一部のデータが暗号化されたが，データが持ち出された痕跡は確認されていないと公表している」[61]というトヨタ自動車のサプライチェーンの事例が挙げられているが，この事例はまさにサイバーセキュリティにおけるサプライチェーンの問題が顕在化した事案といえよう。

　このようにサイバーセキュリティは，自社で完結するものではなく，サプライチェーン全体で対応しなければならない問題であり，その対策・対応にあたってはそのような認識が不可欠となる。

　ただし，サプライチェーンの中核を占める企業が取引先に対してセキュリティ対策を求める際には，当該行為が優越的地位の濫用または下請法違反となることがないよう留意する必要がある。

　この点について，公正取引委員会は，経済産業省と連名で，令和４年10月28日，「サプライチェーン全体のサイバーセキュリティ向上のための取引先とのパートナーシップの構築に向けて」[62]と題する文書を公表した。その中では，「昨今，サイバーセキュリティ対策の必要性が高まる中，サプライチェーン全

60　IPA「情報セキュリティ10大脅威 2023」（最終更新日：2023年８月24日）
　　https://www.ipa.go.jp/security/10threats/10threats2023.html
61　IPA「情報セキュリティ10大脅威 2023」37頁
　　https://www.ipa.go.jp/security/10threats/ps6vr70000009r2f-att/kaisetsu_2023.pdf
62　公正取引委員会＝経済産業省「サプライチェーン全体のサイバーセキュリティ向上のための取引先とのパートナーシップの構築に向けて」（令和４年10月28日）
　　https://www.jftc.go.jp/dk/guideline/unyoukijun/cyber_security.html

体としてのサイバーセキュリティ対策の強化は，サイバー攻撃による被害によってサプライチェーンが分断され，物資やサービスの安定供給に支障が生じないようにするために重要な取組であり，発注側となる事業者が，取引の相手方に対し，サイバーセキュリティ対策の実施を要請すること自体が直ちに独占禁止法上問題となるものではありません。ただし，要請の方法や内容によっては，独占禁止法上の優越的地位の濫用として問題となることもあるため，注意が必要です」と説明されている。

　そして，具体的に問題となるケースとして，①取引の対価の一方的決定，②セキュリティ対策費の負担の要請，③購入・利用強制の3類型が挙げられている。

①　取引の対価の一方的決定

　上記文書は，取引の対価の一方的決定について，「取引上の地位が相手方に優越している事業者が，取引の相手方に対し，サイバーセキュリティ対策の要請を行い，サイバーセキュリティ対策の実施によって取引の相手方に生じるコスト上昇分を考慮することなく，一方的に著しく低い対価を定める場合には，独占禁止法上問題となります」と記載している。

　そして，独占禁止法上問題となるおそれがある具体的な例として，取引上の地位が相手方に優越している事業者が，以下のような方法で取引価格を据え置く場合を挙げている。

○取引の相手方に対し，有償のセキュリティサービスの利用やセキュリティの認証の取得を要請したにもかかわらず，コスト上昇分の取引価格への反映の必要性について，価格の交渉の場において明示的に協議することなく，従来どおりに取引価格を据え置くこと
○取引の相手方に対し，セキュリティ対策責任者の設置，従業員へのセキュリティ教育の実施，サイバー攻撃による被害発生時における自らが定めた対処フローの遵守など，セキュリティ体制の構築を要請した結果，人件費などのコスト上昇を理由とする取引価格の引上げを求められたにもかかわらず，それに応じない理由を書面，電子メール等で取引の相手方に回答することなく，従来ど

> おりに取引価格を据え置くこと

　また，下請法の規制対象となる取引において，親事業者が下請事業者に対し，下請事業者に生じるコスト上昇分を考慮することなく，著しく低い下請代金の額を不当に定めた場合には，下請法上の「買いたたき」として問題となるとも指摘している。

　以上のようなケースにおいては，上記文書にも記載されているが，「積極的に価格の交渉の機会を設け，取引の相手方と十分に協議を行い，サイバーセキュリティ対策の内容や費用負担の在り方を決定すること」が違反行為の未然防止の観点から重要となるため，発注側企業とその取引の相手方との双方において，積極的にそのような協議を行い，議事録の作成などを通じて記録化しておくことが望ましい。

②　セキュリティ対策費の負担の要請

　上記文書は，セキュリティ対策費の負担の要請について，「取引上の地位が相手方に優越している事業者が，取引の相手方に対し，セキュリティ対策費などの名目で金銭の負担を要請し，当該セキュリティ対策費の負担額及びその算出根拠等について，取引の相手方との間で明確になっておらず，取引の相手方にあらかじめ計算できない不利益を与えることとなる場合や，取引の相手方が得る直接の利益等を勘案して合理的であると認められる範囲を超えた負担となり，取引の相手方に不利益を与えることとなる場合には，独占禁止法上問題となります」と記載している。

　また，下請法の規制対象となる取引において，親事業者が下請事業者に対し，自己のために金銭，役務その他の経済上の利益を提供させることによって，取引先の利益を不当に害する場合には，下請法上の「不当な経済上の利益の提供要請」として問題となるとも指摘している。

　以上のようなケースにおいては，発注側企業は，その負担額およびその算出根拠等を明確にするとともに，取引の相手方に合理的であると認められる範囲を超えた負担を負わせて不利益を与えないようにしなければならない。特に「取引の相手方が得る直接の利益」の考え方については，公正取引委員会の

「優越的地位の濫用に関する独占禁止法上の考え方」に準じて，たとえば，取引の相手方がセキュリティ対策費を負担することによって発注側企業との将来の取引が有利になるというような間接的な利益を含まないことに留意すべきである。

③　購入・利用強制

上記文書は，購入，利用強制について，「取引上の地位が相手方に優越している事業者が，取引の相手方に対し，サイバーセキュリティ対策の実施の要請に際して，合理的な必要性がないにもかかわらず，自己の指定する商品の購入や役務の利用を強制する場合には，独占禁止法上問題となります」と記載している。

そして，その具体例として，以下の点を挙げている。

取引の相手方が，サイバーセキュリティ対策の実施の要請を受け，当該要請と同等またはそれ以上のサイバーセキュリティ対策を講じているため，新たなセキュリティサービスを利用する必要がないにもかかわらず，自己の指定する事業者が提供するより高価なセキュリティサービスを利用することを要請し，当該事業者から利用させること

また，下請法の規制対象となる取引において，親事業者が下請事業者に対し，正当な理由がある場合を除き，自己の指定する物を強制して購入させ，または役務を強制して利用させる場合には，下請法上の「購入・利用強制」として問題となるとも指摘している。

それゆえ，発注側企業は，取引の相手方に対して，自己の指定する商品の購入や役務の利用を要請する場合には，取引の相手方がどのようなセキュリティ対策を講じているのかを十分に把握し，それを適切に評価した上で，当該商品の購入や当該役務の利用に合理的な理由があるかを検討することが望ましい。

第4 ITベンダーとの関係

1 問題の所在

　企業は，その事業活動において，多くの情報システムを利用している。もっとも，情報システムをすべて自前で開発し，運用・保守を行っている企業は限られており，多かれ少なかれ外部企業に委託していることが一般的かと思われる（以下，当該委託元を「ユーザー企業」といい，委託先を「外部ITベンダー」という）。

　そして，情報システムのセキュリティが確保できていなかったためにサイバー攻撃を受けて被害が発生した場合には，ユーザー企業と外部ITベンダーとの間で，その被害に係る損害の分担が問題となる。これまでのユーザー企業と外部ITベンダーとの間の紛争は，開発対象となった情報システムが完成したか否か，期限どおり納品されたか否かや仕様に関する合意の内容が主要な争点となっていた。サイバーセキュリティの文脈においては，納品された情報システムが稼働することを前提としつつ，現実に発生したサイバー攻撃との関係で当該攻撃を防ぐことが期待されたセキュリティを確保することについての義務を当事者のどちらが負っていたかが争われる。

　したがって，サイバーインシデントに起因するユーザー企業と外部ITベンダーとの紛争は，システム開発紛争の新たな紛争類型といえよう。

　ユーザー企業が外部ITベンダーに損害の負担を法的に求めることができるのは，当該外部ITベンダーが，ユーザー企業に対してセキュリティに関する法的義務を負っていた場合に限られる。そこで第一に，外部ITベンダーが，当該情報システムのセキュリティ確保との関係で，どのような義務を負うか（および，義務違反が認められるか）が問題となる（後記2）。そして第二に，外部ITベンダーに義務違反が認められる場合であっても，ユーザー企業に過

失（落ち度）が認められる場合には，過失相殺の問題が生じる（後記3）。最後に，当該情報システムの利用に関する契約中で，外部ITベンダーの損害賠償責任を制限する特約（以下本節で「賠償制限条項」という）が存在する場合には，その適用の有無（有効性）も別途検討を要する（後記4）。

　なお，開発された情報システムの運用・保守業務は，当該情報システム開発業務を受託した外部ITベンダーがそのまま受託することが多い。しかし，情報システム開発業務を受託した外部ITベンダーと，運用・保守業務を受託する外部ITベンダーが別であるケースもままあり，このような場合には，いずれの外部ITベンダーに責任を追及するかを検討する必要がある[63]。

2　義務の特定

(1)　情報システム開発業務を受託した外部ITベンダーの義務

①　セキュリティ対策の仕様が特定されている場合

　セキュリティ対策の仕様が契約書中に明記されている場合は当然として，契約書に明示されていなくても契約書に付随する文書（提案書，仕様書，要件定義書等）に記載されている場合には，当該セキュリティ対策を実施すべきことが外部ITベンダーの義務として認められやすい。

　たとえば，外部ITベンダーが納品した情報システムにSQLインジェクションという情報漏えいを生じさせるサイバー攻撃に悪用される脆弱性[64]が存在することが明らかになり，ユーザー企業において修正対応が必要となった事案において，情報システム開発時の仕様書等にSQLインジェクション対策を行うことが明記されていたこと等を認定した上で，外部ITベンダー（が使用する開発業務担当者）に対し，SQLインジェクションへの対策を講ずべき注意義務を認定した裁判例がある[65]。

63　加えて，情報システム開発業務と運用・保守業務とを同一の外部ITベンダーが受託している場合であっても，それぞれの業務で分けて義務違反を論じることは可能であるため，情報システム開発業務と運用・保守業務とを分けて検討することには意義がある。

64　プログラムの不具合や設計上のミスにより生じる欠陥（バグ）。

　その他，外部ITベンダーが受託したデータセンターの移管・構築業務に関し，セキュリティ上重要な役目を果たす機器（ファイアウォール）の設定に不備があったことにより，不正アクセス被害が生じた事案において，契約書の作成前後にやりとりされた提案依頼書，提案書，要件定義書，および基本設計書において，外部ITベンダーがファイアウォールによる通信制限を行う旨の記載があること等を認定した上で，外部ITベンダーに対し，ファイアウォールを適切に設定して通信制限を行う義務を認定した裁判例[66]がある。

②　セキュリティ対策の仕様が特定されていない場合

　情報システム開発の場面では，セキュリティ対策に関する条項が存在しないだけでなく，当事者間においてセキュリティ対策について十分に議論がなされていないという場合も多々ある。しかし，このような場合でも，外部ITベンダーが，セキュリティに関する義務を全く負わなくなるわけではない。

　たとえば，外部ITベンダーが納品したシステムにSQLインジェクションに対する脆弱性が存在したことにより，当該情報システムがSQLインジェクションを受け，クレカ情報漏えいが生じた事案において，攻撃対象となったサーバにユーザー企業の顧客の個人情報が記録されていたことや，当該情報システム開発に係る契約締結当時，IPAや経済産業省からSQLインジェクション攻撃についての注意喚起がなされていたこと等を認定した上で，外部ITベンダーに対し，SQLインジェクション対策を施した情報システムを提供すべき義務を認定した裁判例がある[67]。

65　東京地判平30・10・26Westlaw2018WLJPCA10268017
66　前橋地判令5・2・17Westlaw2023WLJPCA02176003。ただし，本書執筆時点で控訴審に係属中のため，未確定である。
67　前掲注43と同じ。

⑵　情報システム運用・保守業務を受託した外部ITベンダーの義務

①　業務内容が特定されている場合

　情報システム開発業務に関する契約の場合と同様，対象となる情報システムにつき，ユーザー企業・外部ITベンダー間で予定されている業務の仕様や，提供されるべきサービス提供水準が明示的または黙示的に特定できる場合には，当該仕様やサービス提供水準を満たすことが外部ITベンダーの義務内容と認められやすい。特にサービス提供水準に関する合意はサービスレベルアグリーメント（SLA）と呼ばれるが，これには，たとえば以下のようなものがある（図2−3）。

図2−3　SLAの例

サービス範囲		項目	内容	サービスレベル
セキュリティサービス	ウイルス対策	機密性	（検知時間）ウイルスを検知してから通知するまでの時間	15分以内
	ファイアウォール	機密性	（検知時間）不正アクセスを検知してから通知するまでの時間	15分以内
保守サービス	HW障害対応	可用性	（故障率）一定期間内にHWが故障している時間の比率	0.5％以下
		確実性	（復旧時間）障害発生から障害復旧までの時間	3時間以内
ネットワークサービス	回線通信	可用性	（回線稼働率）故障により停止した時間の割合	0.1％以下
	帯域保証機能	性能	（帯域保証）	あり
	障害管理	確実性	（障害復旧時間）異常を検出し，復旧するまでの時間	3時間以内

（出所）伊藤雅浩「第5章　システム運用中のトラブル」松島淳也＝伊藤雅浩『新版　システム開発紛争ハンドブック　第2訂−発注から運用までの実務対応−』（第一法規，2023年）239頁

②　業務内容が特定されていない場合

　情報システムの「運用・保守」が指すところは多義的であるため，ユーザー企業と外部ITベンダーとの間で，その対象とする業務内容の範囲の認識に齟齬が生じることがある。このような場合には，そもそもセキュリティに関する業務を外部ITベンダーが受託していたかどうかを，周辺事情から認定していくこととなる。

　たとえば，あるECサイトに利用されていたOpenSSLというソフトウェアに存在した脆弱性につき，その運用・保守業務を受託した外部ITベンダーが対応する義務を負うかどうかが問題となった事案において，運用・保守契約の委託に関する注文書には，「サイト運用，保守管理」や「EC－CUBE[68]カスタマイズ」等の記載はあったものの，OpenSSLに関するセキュリティ対策業務が含まれていることをただちに読み取ることはできなかったことや，外部ITベンダーの契約期間中の行動，運用・保守契約の金額等を考慮し，当該運用・保守契約において外部ITベンダーがOpenSSLに関する脆弱性への対応を含めたセキュリティ対策を講じる業務を受託していたとはいえないと判示した裁判例がある[69]。

(3)　書面化の重要性

　ユーザー企業と外部ITベンダーとの間においてセキュリティ対策まで十分に検討した上で契約締結に至ることは多くない。

　もっとも，上記のとおり，当該情報システムが備えるべきセキュリティ対策，運用・保守業務の内容に関する双方当事者の合意内容を確定する上では，契約書はもちろん，その作成前後にやりとりされた書面の内容等が重要な証拠となる。

　そのため，少なくとも情報システム開発契約を締結する際には，誰が，どの範囲で，どのようなセキュリティ対策を行うか（あるいは行わないか）を，

68　ECサイトを構築・運用する際に用いられる商用ソフトウェア製品の名称。

69　東京地判令元・12・10Westlaw2019WLJPCA12208003

ユーザー企業・外部ITベンダー間で事前に協議することが望ましい[70]。その上で，最終的に合意に至った内容を契約書に反映させることはもちろん，契約書の作成に至るまでの提案資料，セキュリティ対策について言及のあるチャットやメールのやりとり，契約書作成後の成果物等を適切に保管しておくことが重要である。

たしかに，契約書類のような客観的な証拠がない場合であっても，契約締結時の技術水準に属する範囲では外部ITベンダーに対応する義務が認められることがある（前記東京地判平26・1・23）。

しかし，これは，「セキュリティ対策は外部ITベンダーに任せておけばすべて対応してくれる」ということを意味するものではないと思われる。

むしろ，セキュリティ対策の内容については，ユーザー企業における当該情報システムの運用方法や，セキュリティ対策に充てられる予算額等からバリエーションがありうるため，基本的には，ユーザー企業が，セキュリティ対策の内容を適時適切に確定させる役割を担うと解されている[71]。そのため，前記東京地判平26・1・23の事案は，あくまでセキュリティ対策についての明示的な合意が存在しない中，契約締結時の技術水準の下で，一般的な外部ITベンダーであれば通常実施すべき最低限のセキュリティ対策を実施する義務が認められているにすぎないものと解すべきである。

したがって，ユーザー企業としては，できる限りセキュリティ対策について外部ITベンダーと協議し，その具体的な内容を契約書に盛り込むよう努めるべきである。

3　過失相殺

仮に外部ITベンダーにセキュリティに関する義務違反が認められたとしても，ユーザー企業に，損害の発生・拡大等に関して落ち度がある場合には，過

70　セキュリティ対策について協議することで，双方当事者のセキュリティ意識の改善につながることもメリットとして挙げられる。
71　経済産業省＝IPA「〜情報システム・モデル取引・契約書〜（受託開発（一部企画を含む），保守運用）〈第二版〉」46頁参照。

失相殺により，外部ITベンダーが負担すべき損害賠償責任が縮小されることがある（民法418条，722条2項）。

　サイバーインシデントにおいて発生した損害について，最終的に法的責任を負うべきなのは，当然攻撃者である。もっとも，サイバー空間の特殊性から攻撃者に法的責任を追及することは事実上不可能といえる。そのため，サイバー攻撃に起因する損害については，被害企業とその関係者との間において分担せざるをえないという構造上の特殊性がある。この責任分担機能を果たすものの1つとして，過失相殺の論点が現れる（損害論については，**第3章**を参照）。

　以下，過失相殺における考慮要素を紹介する。

(1)　ユーザー企業・外部ITベンダー間のコミュニケーション

　前記東京地判平26・1・23の事案では，裁判所は，ユーザー企業のシステム担当者が，外部ITベンダーからセキュリティ上はクレジットカード情報を保持しない設定とすることが推奨され，かつ，そのほうが一般的であること等の説明を受けていたにもかかわらず，何ら対策を講じずにクレジットカード情報を保持する設定のまま放置していたことがクレジットカード情報漏えいの一因となったとして，ユーザー企業に3割の過失を認めた。このように，ユーザー企業において，セキュリティ上のリスクを認識していたにもかかわらず，そのリスクをあえて放置していたと評価される場合には，ユーザー企業の過失が認められやすくなる。

　実際問題として，ユーザー企業においては，外部ITベンダーから提案を受けるセキュリティ対策が，どのような観点から必要となるものか理解が困難な場面も多いと思われる。しかしながら，前述のとおり，基本的にセキュリティ対策の内容については，ユーザー企業がその責任において，適時適切に確定させる役割を担うと解されている[72]。そのため，ユーザー企業は，外部ITベンダーからセキュリティ対策に関して提案があった場合に限らず，自社が利用するシステムについてどのようなセキュリティ対策を講じておくのが望ましいか，それがどのような観点から必要となるもので，放置するとどのような事態に発展

72　前掲注71）46頁参照。

するのか，予算内で採用できるセキュリティ対策の選択肢はないか等，外部
ITベンダーと積極的にコミュニケーションをとりながら，セキュリティ対策
の内容を主体的に決定することが望ましい。

　逆に，外部ITベンダーには，そのソフトウェア開発の専門的知見と経験を
踏まえ，ユーザー企業がセキュリティ要件を検討するために必要な情報や専門
知識・ノウハウ等を必要に応じて提供し，ユーザー企業自身が適時適切にセ
キュリティ仕様を確定できるように適切な助言を行う役割が求められている[73]。
そのため，サイバーインシデントの未然防止の観点からも，セキュリティ上の
リスクおよびその対策方法については適宜ユーザー企業に説明しておくことが
望ましく，また，事実関係次第では，法的義務としても求められる場合もあり
うる点には注意を要する（前記東京地判平26・1・23参照）。

(2)　情報システムが取り扱う情報の性質

　情報システムが取り扱う情報の性質も考慮要素となる。すなわち，情報シス
テムが取り扱う情報の重要性に鑑み，ユーザー企業に，当該情報の取扱いに際
して，一定水準のセキュリティ対策を講じることが求められることがある。こ
の場合，当該セキュリティ対策がなされていなかったときは，ユーザー企業の
過失が認められる可能性が高まる。

　たとえば情報システムが個人情報を扱う場合である。上記**本章第1の2記載**
のとおり，個人情報取扱事業者は，（技術的）安全管理措置の一環として，個
人データを取り扱う情報システムを外部からの不正アクセスまたは不正ソフト
ウェアから保護する仕組みを導入し，適切に運用すること，情報システムの使
用に伴う個人データの漏えい等を防止するための措置を講じ，適切に運用する
ことを実施しなければならないとされている（個情法ガイドライン（通則編）
10−6⑶⑷）。そのため，ユーザー企業が，情報漏えいの原因となった情報シ
ステムにおいて個人データを取り扱っており，ユーザー企業の事業規模等の観
点から実施すべき（技術的）安全管理措置が講じられておらず，それが情報漏
えいの発生・被害拡大に影響したというような場合には，過失相殺の対象とな

73　前掲注71）46頁参照。

りうる。実際，過去の裁判例[74]では，（厳密には個情法施行前の事案ではあるものの，）下請業者（外部ITベンダーに相当）の安全管理措置義務違反行為が原因となって個人情報が漏えいしたことにつき，元請事業者（ユーザー企業に相当）との間の責任分担が問題となった事案において，元請事業者にも個人情報取扱事業者としての安全管理措置義務違反が認められることを理由に，元請事業者に4割の過失を認めた事案があることに注意を要する。

　また，ユーザー企業がECサイトを運営している場合で，クレジットカード情報という機密性の高い情報を取り扱うときには，「それに応じた高度のセキュリティ対策が必要というべきであり，クレジットカードの情報という機密性の高い情報を扱わない通常のウェブサイトと比べると，費用を要する高度のセキュリティ対策を実施すべきものというべきである」と判示する裁判例[75]がある。これを前提とすると，たとえば同じ水準のセキュリティ対策を講じたECサイトであっても，クレジットカード決済を導入しているかどうかによって，ECサイトの運営事業者たるユーザー企業に求められるセキュリティ対策の水準は変化し，過失相殺の評価に差が生じることが予想される（なお，クレジットカード情報漏えいについては，第4章第3を参照）。

4　賠償制限条項

(1)　重過失の判断

　賠償制限条項の有効性（適用の有無），特に重過失による場合の賠償制限条項の有効性については上記本章第3の1記載のとおりである。実務上は，重過失による場合の賠償制限条項の有効性という法的論点に加えて，債務者の重過失の有無という事実認定上の論点が問題となる。

　以下では，重過失が認定された裁判例での考慮要素を紹介する。

74　山口地判平21・6・4裁判所ウェブサイト
75　前掲注47参照。

①　前記東京地判平26・1・23

同事案では，主に以下の3点を考慮し，外部ITベンダーの重過失を認めた。

> ・外部ITベンダーが，（SQLインジェクション脆弱性が存在した）ウェブアプリ
> ケーションの取扱いにつき専門的な知見を有しており，ユーザー企業もそれを
> 信頼していたこと
> ・システム開発契約締結時点で，SQLインジェクションによる個人情報漏えい事
> 案が相次いで発生しており，これに対する注意喚起や対策方法の周知がIPA・
> 経済産業省からなされていたこと
> ・一般的なSQLインジェクション対策を講じるために多大な労力や費用がかかる
> とは認められないこと

以上の裁判例を踏まえると，外部ITベンダーの専門性，サイバー攻撃およ
び対策の周知性の程度，セキュリティ対策に要する追加コストが考慮要素と
なっているといえよう。

②　前記前橋地判令5・2・17Westlaw2023WLJPCA02176003

同事案では，主に以下の2点を考慮し，外部ITベンダーの重過失を認めた。

> ・外部ITベンダーの義務違反の対象が，契約書の作成前後にやりとりされた提案
> 依頼書，提案書，要件定義書，設計方針および基本設計書において，複数回に
> わたって実施が確認されていた事項であり，単純かつ明白なミスと評価できる
> こと
> ・当該外部ITベンダーが，情報セキュリティについて高度な専門的知見[76]を有し
> ていること

76　判決文からは明らかではないが，①情報セキュリティに関するISO認証（ISO/IEC27001）
の取得，②ネットワーク構築に関する実績等が考慮されていることが考えられる。

以上の裁判例を踏まえると，セキュリティ対策に係る当事者間の協議の内容，外部ITベンダーの専門性が考慮要素となっているといえよう。

(2)　過失相殺との適用順序

　賠償制限条項と過失相殺は，ともに外部ITベンダーが負う損害賠償責任を限定する機能を果たす。しかし，中でも上限額を定めるタイプの賠償制限条項の場合，その適用の順序次第では，外部ITベンダーが負う損害賠償責任額に差が出てくることがある。

　たとえば，外部ITベンダーが賠償すべきユーザー企業の損害が1,000万円，賠償制限条項上の外部ITベンダーが負うべき損害賠償責任の上限額が100万円，ユーザー企業の過失割合が5割という事案を想定する。このとき，賠償制限条項の適用→過失相殺の順序で計算した場合には，外部ITベンダーが負うべき損害賠償責任額は，50万円となる。一方で，過失相殺→賠償制限条項の順序で計算した場合には，外部ITベンダーが負うべき損害賠償責任額は，100万円となる。このとき，どちらの損害賠償責任額（50万円か，100万円か）が認められるべきかが問題となる。

　この点，損害賠償請求の対象となる項目を限定するタイプの賠償制限条項については，先に賠償制限条項を適用した後に過失相殺を検討した裁判例[77]がある。一方，上限額を定めるタイプの賠償制限条項については，先に過失相殺を適用した後に，賠償制限条項を検討した裁判例がある（前記東京地判平26・1・23）。ただし，いずれの裁判例も，後に検討した項目に基づく減額を結論として否定しているため，検討の順序に論理必然性があるものではないと思われる。

　一般的に，上限額を定めるタイプの賠償制限条項が設けられる場面では，契約交渉の結果，外部ITベンダーとしては，当該上限額の限度で損害賠償リスクを背負うことを覚悟している一方，ユーザー企業としては，当該上限額の限度で損害の賠償を受けることができると期待しているのが通常であると考えられる。にもかかわらず，過失相殺が問題となる事案において賠償制限条項を先

77　東京高判平25・9・26金判1428号16頁

に適用した場合，賠償制限条項の上限額に達することが皆無となり，ユーザー企業の期待が一方的に害される結果となってしまうため，妥当ではない。そのため，過失相殺と損害賠償制限条項の適用がともに問題となる場面では，基本的には，当事者が賠償制限条項を設けた合理的な意思解釈として，過失相殺を先行して適用すべきものと思われる。

　したがって，上記事例では，外部ITベンダーの損害賠償責任額は，100万円になると解すべきである。

第5　従業員のログ管理とプライバシーとの関係

1　労働法上の問題点

　サイバー攻撃を受けた企業においては，パソコンやサーバに残されたログに基づき，攻撃者がどのような経路で社内ネットワークに侵入し，どの範囲まで横展開し，どのファイルを窃取したかについて，いわゆるフォレンジック調査を実施することになる。また，2(2)において後述するとおり，近時のサイバー攻撃では，従業員が内通者となり，ハッカー集団と共謀してランサムウェア攻撃などのサイバー攻撃を実行する「複合型」とでも呼ぶべき類型の攻撃も増加傾向にある。

　したがって，平時より従業員が業務で使用するパソコンや従業員がアクセスするサーバのログを監視してサイバー攻撃や不正行為の兆候を監視する必要性が高まっている。

　もっとも，ログには，「誰と誰がいつどのような通信を行ったか」といった情報が記録される。そのため，特に，企業が業務使用のために従業員に貸与したパソコン（以下「社用PC」という）のログを把握する過程で，従業員のプライバシーに関わる情報に接することが避けられない場合がある。

　そこで，従業員のプライバシーとの関係で，企業がどこまで社用PCのログ監視（定期確認）をできるのかという労働法上の問題が生じる。

　本項では，社用PCのログ管理の重要性，ログ管理をめぐる労働法上の問題点および法的留意点を踏まえた企業の実務対応について詳述する。また，最後に，テレワークの普及により導入が増えているBYOD（Bring Your Own Device）の留意点についても述べる。

2　社用PCのログ管理の重要性

(1)　ログとは

　ログとは，コンピュータが保有する接続時刻や処理内容などを記録したファイルのことである。ログを把握することで，ネットワーク内でどのような通信が行われたか，情報システム内で何が起こったかなどを確認することが可能となる。

　総務省のウェブサイト[78]において，次のものがログの具体例として示されている。

・ファイアーウォールを通過した通信，または拒否された通信のログ
・侵入検知システム（IDS）や侵入防止システム（IPS）が監視した通信のログ
・DHCPサーバがパソコンにIPアドレスを割り当てたログ
・ファイルサーバへのアクセスのログ
・ファイルの参照や，編集などの成功や失敗のログ
・情報システムへのログイン，ログアウトなど認証の成功や失敗のログ
・Webサーバへのアクセスのログ
・Webサーバが利用者から受け取った入力内容のログ
・Webプロキシサーバが中継した通信のログ
・データベースサーバへのアクセスのログ
・アプリケーションが出力する処理結果の正常終了，異常終了などのログ
・パソコンの監査のログ

　ログとして最もイメージしやすいのは，パソコンのログであろう。たとえば，パソコンには，どのようなソフトウェアがいつダウンロードされてどのような挙動をしたかのログが保存される。また，利用者がいつパソコンを起動して，

78　総務省・国民のためのサイバーセキュリティサイト「ログの適切な取得と保管」
　https://www.soumu.go.jp/main_sosiki/cybersecurity/kokumin/business/business_admin
　_22.html

どのような操作をし，いつシャットダウンしたかというログも保存されている。そのほかにも，利用者がブラウザをとおしてどのような外部のウェブサイトにアクセスしたかのログも存在する。企業は，社用PCのログを把握して管理することにより，外部からの不正アクセスやマルウェア感染によって情報漏えいなどの事故が発生した場合に，いち早く気づき，被害状況や影響範囲の調査などの対応を効果的に行うことが可能となる。

　パソコン以外のログとしてよく登場するものとして，ファイルサーバへのアクセスログがある。ドキュメントファイルを従業員間で共有して作業するために，ファイルサーバを用意する企業は多い。このファイルサーバは，社内に置かれるオンプレミス型とMicrosoft OneDriveやGoogle Driveといったクラウド上のサービスを利用するクラウド型に大別される。

　ファイルサーバには，「誰が」「いつ」「どのファイルに」「どのような操作をしたか」がログとして記録されている（**第1章第2の2⑴における図1－2参照**）。

⑵　サイバーセキュリティ対策におけるログ管理の重要性

　サイバー攻撃を受けた場合，⑴において述べたようなログを調査することとなる。このログ調査はフォレンジック調査の一環としてなされるものであり，攻撃者がどのような経路で社内ネットワークに侵入し，どのような範囲のサーバやパソコンに横展開し，どのファイルを窃取したかは，基本的にこのログ調査によって明らかになる。逆にいえば，ログの取得範囲が不十分であった場合やログの保存期間が短かった場合には，サイバー攻撃の被害を受けた企業がいくら費用と時間をかけてフォレンジック調査を実施しても，事故の原因や被害範囲の特定には至らないことが多い。

　そのため，サイバーセキュリティの観点からは，ログの取得および保存が従前より非常に重要な対策であった[79]。

79　近年のマルウェア技術の進歩に伴い，ローカルに保存されたログはマルウェア活動後に削除されてしまうことが多いため，別の社内サーバやクラウド等の外部サービスにログを集約しておくことも重要である（IPA「組織における内部不正防止ガイドライン（第5版）」（2022年4月））。

加えて，近時のサイバー攻撃では，従業員が内通者となり，ハッカー集団と共謀してランサムウェア攻撃などのサイバー攻撃を実行する「複合型」とでも呼ぶべき類型の攻撃も増加傾向にある。

たとえば，これまでに何度も日本企業を襲っているハッカー集団として有名なLockBitは，図2−4のとおり，LockBit（2.0）の犯行声明文であるランサムノートにおいて「Would you like to earn millions of dollars? Our company acquire access to networks of various companies, as well as insider information that can help you steal the most valuable data of any company. You can provide us accounting data for the access to any company….」（筆者訳：大金を稼ぎたくありませんか？　我々は様々な企業のネットワークへのアクセス権限や，企業の貴重な情報を窃取する上で役立つインサイダー情報を取得しています。企業にアクセスするためのアカウント情報を我々にご提供ください（後略））と記載しており，企業の待遇に不満を持っている従業員などから悪用可能なアカウント情報などを集めようとする意図がうかがえる。

図2−4　LockBit（2.0）のランサムノートの記載

（出典）ZDNET Japan Staff「ランサムウェア『LockBit 2.0』の脅威拡大，VPNからの侵入も」

　また，海外では，ハッカー集団が内通者を勧誘すべく，標的企業の従業員に対して実際に接触を図る事例も確認されている。具体的には，2020年7月に，ロシア人のハッカーが，米ネバダ州にあるテスラ社の製造工場で働く従業員を呼び出し，100万ドルの報酬と引換えに内部ネットワークにランサムウェアを仕掛けるよう提案するといった事件が発生している[80]。

　さらに，2023年3月の日本経済新聞の報道[81]によると，米リスクコンサルティング会社である「クロールが2022年7〜9月に調査した不正アクセス事件のうち，内部関係者が関わる不正や事故の割合は35％を占めた。前四半期よりも11ポイント伸びた」とあり，これも複合型攻撃が増加している証左といえる。

　日本においても，内部の従業員が悪意を持って情報を外部に提供してしまうなどの「内部不正による情報漏えい」の脅威が，IPAの「情報セキュリティ10大脅威（組織編）」で2021年6位，2022年5位，2023年4位と年々順位を上げている。その多くは営業秘密などを転職先に持ち出すようなケースと推察されるが，今後そのようなケースだけでなく，サイバー犯罪者の勧誘を受けて社内への侵入を手助けするような複合型攻撃が増加すれば，ログ管理の重要性がさらに高まることが見込まれる。なぜなら，ログを定期的に監視することにより，内通者の不正行為の兆候を早期に察知し，先手を打って対策を講じることが可能となることに加え，保存したログを内通者に対するその後の懲戒処分，損害賠償請求・刑事告訴等の各種責任追及を行う際の重要な証拠にすることも可能となるからである。

3　ログ管理をめぐる労働法上の問題点

(1)　労働法上の問題の所在

　使用者は業務を遂行する上で，労働者の人格的利益を損なわないよう配慮する義務を負う。使用者に労働者の人格的利益を侵害する行為があった場合，使用者は労働者に対して不法行為（民法709条）として損害賠償責任を負う。ま

80　https://www.teslarati.com/tesla-employee-fbi-thwarts-russian-cybersecurity-attack/
81　日本経済新聞「不正アクセス事件，内部関係者の関与3割超　米社調査」（2023年3月9日）（https://www.nikkei.com/article/DGXZQOUC16ARU0W3A110C2000000/）

た，使用者による労働者の人格的利益を侵害する行為が解雇や配置転換などの法律行為であった場合には権利濫用（労働契約法3条5項等）または公序良俗違反（民法90条）として当該行為は無効となると解される。近年では，プライバシーや個人情報保護の要請が社会的に高まっている。その中で，近時，職場における従業員のプライバシーや個人情報をめぐる紛争や裁判例が増加している[82]。

　特に，従業員に対するモニタリングについては，従業員のプライバシーへの配慮の観点から従前より議論がされてきた。

　この点，ログには「誰と誰がいつどのような通信を行ったか」「誰がいつパソコン上でどのような操作を行ったか」といった情報が記録されているため，企業がログを把握する過程で，従業員のプライバシーに関わる情報に接することが避けられない場合がある。

　そこで，モニタリングの一態様といえる社用PCのログ監視（定期確認）についても，従業員のプライバシーとの関係で，これを企業が自由に実施できるのかが問題となる。

(2)　従業員のモニタリングに関する従来の議論

①　社用メール

　実務上よく問題とされてきたのは，従業員の「社用メールのモニタリング」である[83]。

　すなわち，社用メールに使用するパソコン，メールアカウントおよびネットワーク回線等は，企業が従業員に貸与または費用負担するものであるが，従業員は自ら送受信するメールを第三者が閲覧することを想定して使用していないことが通常である。そのため，企業による社用メールのモニタリングが従業員のプライバシーを侵害しないかが問題となってきた。

　企業による社用メールのモニタリングが従業員のプライバシー侵害になる場

82　水町勇一郎『詳解　労働法（第2版）』（東京大学出版会，2021年）
83　本稿では，社用PCや会社のネットワークを用いて従業員が送受信する電子メールを意味する（社員間でやりとりする電子メールという意味ではない）。

合について判示した裁判例として，F社Z事業部事件[84]がある。

　同裁判例は，企業のネットワークを用いて送受信された私的な電子メールの
やりとりを上司に閲覧された従業員が不法行為に基づく損害賠償請求をした事
案において，社用メールの私的利用は一定範囲で許容されるとした上で，「従
業員が社内ネットワークシステムを用いて電子メールを私的に使用する場合に
期待しうるプライバシーの保護の範囲は，通常の電話装置の場合よりも相当程
度低減されることを甘受すべきであり，（中略），監視の目的，手段及びその態
様等を総合考慮し，監視される側に生じた不利益とを比較衡量の上，社会通念
上相当な範囲を逸脱した[85]監視がなされた場合に限り，プライバシー権の侵害
となる」と判示している。

　すなわち，同裁判例は，企業が従業員の私的メールのモニタリングを行うこ
とはできるとするが，私的メールに従業員のプライバシー権を認め，社会通念
上相当な範囲を逸脱した場合には，社用メールのモニタリングが違法になりう
ることを明らかにしている[86]。

②　社用PCのログイン・ログアウト時刻

　雇用管理の実務上，社用メールのほか，従業員からプライバシー侵害が主張
されることがあるものとしては，社用PCのログイン・ログアウト時刻が挙げ
られる。すなわち，2019年下期以降，新型コロナウイルス感染症の感染拡大を
契機としてテレワークが普及し，労働時間管理のために企業が従業員に貸与し
ている社用PCのログイン・ログアウト時刻をチェックするケースが増加した
ところ，従業員側からプライバシー侵害を理由として社用PCのログイン・ロ

84　東京地判平13・12・3労判826号76頁
85　同裁判例は，社会通念上相当な範囲を逸脱する例として以下の3つの場合を挙げる。
　・職務上従業員の電子メールの私的使用を監視するような責任ある立場にない者が監視した場合
　・責任ある立場にある者でも，これを監視する職務上の合理的必要性が全くないのに専ら個人的な好奇心等から監視した場合
　・社内の管理部署その他の社内の第三者に対して監視の事実を秘匿したまま個人の恣意に基づく手段方法により監視した場合
86　小山博章編著『労務専門弁護士が教えるSNS・ITをめぐる雇用管理』（新日本法規，2016年）

グアウト時刻の監視をやめるように求められる場合がある。

　社用PCのログイン・ログアウト時刻の監視がプライバシー侵害に当たるかについて判断した裁判例は見当たらないが，パソコンのログイン・ログアウト時刻から把握できるのは，客観的なパソコンの起動時間のみであり，私的な事項として知られたくない（第三者が閲覧することを想定していない）情報とは通常いえないため，プライバシー権の対象として保護される情報には当たらないと解される[87]。

　なお，2019年4月施行の改正労働安全衛生法により，客観的な記録による労働時間の把握が事業者の法的な義務となったが（同法66条の8の3），労働安全衛生規則52条の7の3第1項は，その客観的な記録として「パーソナルコンピュータ等の電子計算機の使用時間の記録」，すなわちパソコンのログインからログアウトまでの時間の記録を例示している。

(3)　社用PCのログ監視とプライバシー（ログ管理の位置づけ）

　以下では，前記(2)において紹介した従来の議論を踏まえ，社用PCのログ監視と従業員のプライバシーとの関係について検討する。

　なお，ここで検討する社用PCのログ監視は，特定の不正等を調査するために行われる特定従業員に対象を絞ったログ監視ではなく，情報漏えい等の具体的なおそれが生じていない段階で行われる日常的・探索的なログ監視を想定している。

ア　社用PCのログから把握できる情報

　企業が社用PCから把握しうるログには，様々な種類・内容があるが，サイバー攻撃に備えるために重要であるものとして，たとえば図2－5に示したものが挙げられる。企業は，これらのログから従業員のファイルの操作状況やサイトの閲覧履歴などを把握できる。

87　プライバシー権は，「宴のあと」事件（東京地判昭39・9・28判時385号12頁）において，「私生活をみだりに公開されないという法的保障ないし権利」と定義され，昨今では，自己に関する情報をコントロールする権利とより広く捉えられる傾向にあるが，いずれにしても，プライバシー権として保護される情報であるといえるには，その情報が人格的利益と関連している必要があると解される。しかしながら，社用PCのログイン・ログアウト時刻はそれ自体が何らかの意味で従業員の人格的利益と関連するものではない。

図2－5　社用PCから把握できる主なログの種類・内容

ログの種類	ログの内容
ファイルアクセスログ	どのファイルやフォルダに，誰が，いつ，どこからアクセスを試行したかの記録
パソコンログ(Windows PCのイベントログ等)	いつ，パソコン上の操作（ファイル操作全般，アプリケーションのインストール・実行等）を行ったかの記録
Webアクセスログ	いつ，どのWebサイトを閲覧したか等の記録

イ　従来の議論を踏まえた考察

　企業が社用PCのログ監視により把握しうる従業員のファイルの操作状況やサイトの閲覧履歴は，社用メールの内容と比べると，私的な事項として知られたくない（第三者が閲覧することを想定していない）側面は弱いといえる。他方で，ログ監視により把握できる情報は，パソコンのログイン・ログアウト時刻から把握できる客観的なパソコンの起動時間と比べて，私的な事項として知られたくない（第三者が閲覧することを想定していない）側面が強まるため，プライバシー権の対象として保護される情報に当たる可能性は否定できないと考えられる。

　社用PCのログがプライバシー権の対象として保護される情報に当たるとして，前記(2)①で述べた社用メールのモニタリングに関する裁判例の判断枠組みを前提とした場合，社用PCのログ監視が従業員のプライバシー侵害として違法となるのは，「監視の目的，手段およびその態様等を総合考慮し，監視される側に生じた不利益とを比較衡量の上，社会通念上相当な範囲を逸脱した監視がなされた場合」である。

　以上を前提として，社用PCのログ監視について見ると，昨今のサイバー攻撃の高度化や上記2(2)において述べた内部関係者による犯行（複合型攻撃）の増加傾向も考慮した場合，社用PCなどの情報端末の詳細なログを収集する必要性が認められるため，社用PCのログを監視する目的は正当なものといえる。また，従業員が顧客情報などの個人データを取り扱う場合には，個情法が企業に義務づける従業者に対する監督（同法24条）あるいは安全管理措置（同法23条）の目的で当該従業員の使用する社用PCのログ監視を行うことも想定されるところ，かかる観点からもログ監視の目的は正当といえる。

　次に，監視される側に及ぼす影響を検討すると，社用PCのログ監視により把握しうる従業員のファイルの操作状況やサイトの閲覧履歴は，コミュニケーションツールとして送信者から何らかの意思が伝達されることの多い社用メールの内容に比べれば，前述のとおり私的な事項として知られたくない程度が小さいといえるため，社用PCのログ監視により従業員に生じる不利益（プライバシー侵害の程度）はメールのモニタリングほどは大きくないものと考えられる。また，社用PCのログ監視は，内部不正者を特定するだけではなく，逆に内部不正者ではない従業員の無実を証明することにもつながりうることから，従業員の利益に資する側面もある。

　したがって，社用PCのログ監視は，手段および態様において，従業員のプライバシーに一定の配慮をした形でなされるのであれば，適法に実施することができるものと考えられる。

4　法的留意点を踏まえた実務上の対応

　以上を踏まえて，従業員のプライバシーに配慮しつつ，社用PCのログ監視を行うにはどのようにすればよいかについて，実務対応上のポイントを紹介する。

⑴　社内規程の策定と従業員への周知

　社内規程において社用PCのログ監視を行う目的・範囲等について規定し，従業員に周知する対応をとることが重要である。

　こうした対応がとられることで，従業員は社用PCのログ監視がなされることを前提として社用PCを使用することになり，周知されたルールの範囲内での社用PCのログ確認についてはプライバシー保護の必要性の程度が低減されるものと考えられるためである。

　社用PCのログ監視の実施を従業員に周知することは，内部不正の発生を抑止する上でも効果的な方法と考えられる（ただし，ログの保存期間については，従業員に知らせないことが望ましい[88]）。

88　IPA「組織における内部不正防止ガイドライン（第5版）」（2022年4月）

(2)　個情法QAを踏まえた実務対応

　実際の運用を検討するにあたっては，個人情報保護委員会の「『個人情報の保護に関する法律についてのガイドライン』に関するQ&A」（令和5年5月25日更新）が参考となる。

　個情法QAのQ-5-7では，個人データの取扱いに関する従業者の監督（個情法24条関係）の一環として，従業者を対象とするモニタリングを実施する場合の留意事項について，次の言及がされている[89]。社用PCのログの定期確認もモニタリングの一環と見ることができるため，個情法QAの言及は参考になる。

【従業者の監督】

> (Q5-7)
> 従業者に対する監督の一環として，個人データを取り扱う従業者を対象とするビデオやオンライン等による監視（モニタリング）を実施する際の留意点について教えてください。

> (A5-7)
> 個人データの取扱いに関する従業者の監督，その他安全管理措置の一環として従業者を対象とするビデオおよびオンラインによるモニタリングを実施する場合は，次のような点に留意することが考えられます。なお，モニタリングに関して，個人情報の取扱いに係る重要事項等を定めるときは，あらかじめ労働組合等に通知し必要に応じて協議を行うことが望ましく，また，その重要事項等を定めたときは，従業者に周知することが望ましいと考えられます。
> ○モニタリングの目的をあらかじめ特定した上で，社内規程等に定め，従業者に明示すること
> ○モニタリングの実施に関する責任者およびその権限を定めること
> ○あらかじめモニタリングの実施に関するルールを策定し，その内容を運用者に徹底すること
> ○モニタリングがあらかじめ定めたルールに従って適正に行われているか，確認を行うこと

89　すでに廃止されているが，経済産業省の指針（「個人情報の保護に関する法律についての経済産業分野を対象とするガイドライン」）においても，モニタリングを実施する際の留意点について同様の言及がされており，個情法QAはこれを踏襲したものと思われる。

　個情法QAを踏まえると，社用PCのログ監視を行うにあたっては，社内規程（ログ監視の目的・範囲等を定めた規定）を策定して従業員に周知するとともに，管理責任者を任命し，規程どおりに運用されているかを定期的に確認することが重要である。また，可能であれば，社内規程の策定に際し，事前に労働組合等とすり合わせを行い，従業員からログ監視のあり方を問題とされるおそれをできる限り排除すべきといえる。

(3)　定期的な点検・見直しの重要性

　サイバー攻撃への備えとして社用PCのログの監視は重要であるが，必要だからといって，従業員に何の予告もなく無限定にログの監視をしては，従業員からプライバシー侵害を主張されトラブルに発展するおそれがある。
　自社のログ監視のあり方が従業員のプライバシーに配慮したものとなっているか，定期的に点検し，必要な見直しを行う姿勢が重要である。

5　BYOD導入の際の留意点

　新型コロナウイルス感染症の影響や働き方の多様化によりテレワークが普及し，テレワークの普及を背景として，BYOD（Bring Your Own Device。以下単に「BYOD」という）を制度として導入する企業が増えている。
　BYODとは，従業員が私物として所有しているパソコンやスマートフォンなどの私物端末を業務に利用することをいい，企業がBYODを導入することには端末購入費や維持費などのコストを削減できるなどのメリットがある。
　しかしながら，(i)従業員の私物端末は社用PCと同水準のセキュリティ設定がされているとは限らず，従業員の私物端末には社用PCと異なり従業員との個別合意や就業規則上の規定などの法的根拠がなければ企業の施設管理権[90]が及ばないと考えられることから，従業員の私物端末のマルウェア感染，端末の紛失や盗難によるサイバーセキュリティリスクは高いといえる。また，(ii)私物

90　施設管理権とは，企業が自ら所有する備品等の資産を管理する権限のことであり，企業が社用PCの使用をいつ，誰に，どのような条件で許すかを自由に決めることができ，また，その使用状況を確認することもできる根拠となる。

端末は，従業員の私物である以上，従業員のプライバシーに関する情報が多分に含まれている可能性があり，社用PCに比較して従業員のプライバシー権に対するより一層の配慮が必要となる。

したがって，企業がBYODを導入するに際しては，情報セキュリティリスクを低減するために必要な範囲で従業員の私物端末を管理する必要がある一方，（社用PCと比較した場合により高度な）従業員のプライバシーへの配慮が必要となる点に留意を要する。

具体的には，私物端末の利用に関するルールを就業規則等に適切に定めておくことが重要である。サイバーセキュリティリスク低減の観点からは，従業員に私物端末の業務での利用について届出を義務づける，機密性の高い情報を私物端末で扱わせない，業務に関するファイルを私物端末内に蓄積させないなどのルールを設定することが考えられる。また，プライバシーへの配慮の観点からは，従業員のプライバシーに関わる私物端末の業務利用の条件（情報漏えい調査の必要など一定の条件の下で従業員が業務で利用する私物端末を企業がモニタリングできることを認めるなど）を明示して，従業員本人から承諾書を取得することが望まれる。

第**3**章

損害論

第*1* 損害賠償の範囲

　民法416条1項は，「債務の不履行に対する損害賠償の請求は，これによって通常生ずべき損害の賠償をさせることをその目的とする」と定めて，損害賠償の範囲を通常損害に限定している。

　また，同条2項は，「特別の事情によって生じた損害であっても，当事者がその事情を予見すべきであったときは，債権者は，その賠償を請求することができる」と定めて，損害賠償の範囲を一定の場合に特別損害にまで拡張している。

　民法416条は，損害賠償の範囲についての原則的規定であって，債務不履行による損害賠償の範囲のみならず，不法行為による損害賠償の範囲も本条を基準とするべきものとされている。なお，以下では，民法416条1項の基準のみならず，同条2項の基準をも含めて相当因果関係と呼ぶ。

第2　逸失利益

　サイバーインシデントが発生すると，事業の中断を余儀なくされることがある。あるいは，事業の中断の有無にかかわらず，情報管理の側面での信用は少なからず低下する。そのため，サイバー攻撃を受けた企業は，サイバー攻撃の原因作出に寄与した外部ITベンダーや踏み台とされた被害企業等に対して，中断を余儀なくされた事業に係る逸失利益，あるいは顧客離れによる逸失利益を損害として賠償請求をすることが想定される。

　ここで，逸失利益とは，債権者が得られたはずの現存しない将来の利益をいう。以下ではサイバーインシデントにおける逸失利益に関する論点について検討を加える。その際，サイバーインシデントに関する裁判例の数は限られているため，損害賠償の範囲について逸失利益が争点となった他分野の事業についての裁判例も適宜踏まえて検討を加えることとする。

1　営業損害，顧客離れによる利益喪失

(1)　営業損害の発生

　企業が第三者からその事業活動を妨害され，事業活動が継続できなくなった結果，本来ならば得られたであろう利益が得られなくなることがある（このような場合に当該企業に生じる当該利益相当額の損害を指して，以下「営業損害」という[1]）。たとえば，ECサイトでのクレジットカード情報の漏えい事案においては，漏えいの懸念が生じた場合，当該ECサイトの運営企業は，フォレンジック調査を実施し，公表対応，再発防止策を実施するまで，当該ECサイトのクレジットカード決済の停止，ときには当該ECサイト自体の停止を余

1　特に，以下で紹介する【裁判例1】～【裁判例4】では，本章で「営業損害」と定義する損害を，「売上損失」等，別の名称で認定する事例があるが，断りのない限り，すべて本文中の「営業損害」に含まれるものとして論じる。

儀なくされる。このような場合には，当該ECサイトの運営企業は，継続的に
ECサイトを運営できていれば得られたはずの利益を失い，営業損害が生じる。

(2)　顧客離れによる利益喪失

　企業がサイバー攻撃を受けた場合に，幸運にも事業停止を回避できたとして
も，当該企業の情報管理に関する印象は多かれ少なかれ悪化する。このような
場合には，いわゆる顧客離れが生じ，インシデントが生じなければ得られたで
あろう利益を失うことがある。

2　参考裁判例

(1)　はじめに

　サイバーインシデントに伴う営業損害については，ECサイトにおけるクレ
ジットカード情報の漏えい事案に関する裁判例の一定の蓄積があるため，(2)で
紹介する（→【裁判例1】【裁判例2】【裁判例3】）。また，損害賠償請求にお
いては，原告が損害拡大を回避／防止すべき（だった）かが争点となることが
ある。サイバーインシデントの事案においてこの争点が顕在化した裁判例は見
当たらなかったため，参考として他分野の裁判例を(3)で紹介する（→【裁判例
2】【裁判例4】）。

　また，同様に，顧客離れによる利益喪失が争点となった裁判例が見当たらな
かったため，こちらも参考となりうる他分野の裁判例を(4)で紹介する（→【裁
判例5】【裁判例6】【裁判例7】）。

(2)　ECサイトにおけるクレジットカード情報の漏えい事案

　過去のECサイトにおけるクレジットカード情報の漏えいに関する裁判例は，
その理由は様々だが，いずれも営業損害を賠償すべき損害であると認めている。

　たとえば，【裁判例1】では，裁判所は，「原告の具体的な売上減少額を明ら
かにする決算書類等は提出されていない上，原告の損害額を算定する際には，
売上減少に伴って支出を免れた仕入れ原価相当額等を控除する必要があるとこ
ろ，当該ウェブサイトでは多様な商品が販売されていると推認でき，売上げが

減少した商品ごとの仕入れ原価等を立証することは極めて困難であると認められる」と判示しつつ，最終的に民事訴訟法248条に基づきその損害額を認定した。【裁判例2】では，裁判所は，ECサイト事業者が緊急対策を講じた際に，対象となった情報システムを停止せざるをえなかった期間（2日間）に生じた売上減少分（売上総利益ベース）を，相当因果関係のある損害と認定した。【裁判例3】では，裁判所は，特段の理由を示すことなく，原告の請求に係るECサイトの停止期間中に生じた売上減少分（算定基礎不明）を，相当因果関係のある損害と認定した。

【裁判例1】東京地判平26・1・23判時2221号71頁

　　被告（外部ITベンダー）との間でウェブサイトにおける商品受注システムの設計，保守等の委託契約を締結した原告が，被告製作のアプリケーションに脆弱性が存在したため，当該ウェブサイトで商品を注文した顧客のクレジットカード情報が流出したとして，被告に対して，債務不履行に基づく損害賠償を求めた事案である。

　　裁判所は，当該流出によりインターネット上での簡便な決済方法であるクレジットカード決済機能が利用できなくなったことにより，当該ウェブサイトでも一定の売上減少があったことは推認することができるが，原告の具体的な売上減少額を明らかにする決算書類等は提出されていない上，原告の損害額を算定する際には，売上減少に伴って支出を免れた仕入れ原価相当額等を控除する必要があるところ，当該ウェブサイトでは多様な商品が販売されていると推認でき，売上げが減少した商品ごとの仕入れ原価等を立証することは極めて困難であると認められるとして，民事訴訟法248条に基づき，原告の売上損失としては400万円の限度で被告の債務不履行と相当因果関係のある損害があるものと認定した。

【裁判例2】東京地判平30・10・26Westlaw2018WLJPCA10268017

　　インターネットおよびパソコン通信を利用した情報提供サービス，通信販売業務等を目的とする原告（ユーザー）が，コンピュータシステム，ソフトウェアの企画，開発等を目的とする被告（外部ITベンダー）に制作を発注して同社から納品を受けたシステムにSQLインジェクションを可能にする脆弱性が存在したのは，その制作を担当した被告の被用者の故意過失によるとして，被告に対し，損

害賠償を求めた事案である。

　原告は，①緊急対策を講じた際，当該システムを2日間停止せざるをえず，また，②より詳細な調査，抜本的な修正を講ずる際には，当該システムを4日間停止することが見込まれ，さらに，③サーバの移転に伴い，DNS情報が浸透するまでの2日間，当該システムの停止が見込まれると主張して，合計8日間のシステム停止に伴う売上減（合計200万円）の賠償を求めた。

　裁判所は，原告が，当該システムのSQLインジェクション対策を実施するために当該システムの稼働を2日間停止せざるをえず，この間，全く売上がなかったことがうかがわれるとして，原告の決算報告書から算出される売上総利益をもとに，2日分の売上減を相当因果関係のある損害と認めた（①）。

　他方で，原告が主張する詳細な調査，抜本的な修正を講ずる際の当該システム停止期間（4日間）の売上減については，「その主張する詳細な調査，抜本的な修正の必要性があるとは認められない」ことを理由として，サーバの移転に伴い，DNS情報が浸透するまでの期間（2日間）の売上減については，「サーバーの移転がいまだ行われておらず，原告の主張に係る損害はいまだ発生していないばかりか，仮にサーバーの移転が将来行われる場合であっても，旧サーバー上に新サーバーへの移転のお知らせを一定期間事前に告知したり，自動転送により新サーバーへ誘導したりすることにより，その売上減は容易に回避し得ると考えられる」として，いずれも相当因果関係のある損害とは認められないと判示した（②③）。

【裁判例3】東京地判令4・1・12Westlaw2022WLJPCA01128015

　原告（ユーザー）が，被告（外部ITベンダー）との間でホームページの制作，オンラインショップ機能の組込み等の業務委託契約を締結し，当該契約に基づく業務を委託していたが，被告が制作して納品した原告のホームページの管理画面が外部からの侵入が可能な状態となっていたことから顧客のクレジットカード情報が流出したとして，被告に対して，当該契約の不履行に基づく損害賠償を求めた事案である。

　裁判所は，特段の理由を示すことなく，当該流出の際に当該ホームページを15日間閉鎖したことによる売上損失全額（62万9,850円）を相当因果関係のある損害として認めた。

⑶　原告が損害拡大を回避または防止しなかったことが争点となった事案

　事業用店舗の賃借人が，浸水事故によりカラオケ店舗の営業を停止したことによる営業損害等の賠償を求めた事案において，最高裁は，浸水事故の後，賃借人が損害を回避または減少させる措置をとらなかったことを理由として，4年5カ月分の営業損害を認めた原審を破棄した（→【裁判例4】）。

【裁判例4】最判平21・1・19民集63巻1号97頁

　賃貸借契約に基づき上告人（賃貸人）から建物の引渡しを受けてカラオケ店を営業していた被上告人（賃借人）が，当該建物に発生した浸水事故により当該建物で営業することができなかったことによる営業利益の喪失という損害を受けたなどと主張して，上告人に対して債務不履行または瑕疵担保責任（現：契約不適合責任）に基づく損害賠償を求めた事案である。

　原審では，営業利益の喪失として，当該浸水事故の日の1カ月後から被上告人の求める4年5カ月間のうべかりし営業利益（3104万2607円）を喪失したことによる損害賠償を認めていた。

　これに対し，最高裁は，「事業用店舗の賃借人が，賃貸人の債務不履行により当該店舗で営業することができなくなった場合には，これにより賃借人に生じた営業利益喪失の損害は，債務不履行により通常生ずべき損害として民法416条1項により賃貸人にその賠償を求めることができると解するのが相当である」と指摘した上で，遅くとも，被上告人により訴訟が提起された時点（当該浸水事故から約1年7カ月後）においては，被上告人がカラオケ店の営業を別の場所で再開する等の損害を回避または減少させる措置を何らとることなく，店舗部分における営業利益相当の損害が発生するにまかせて，その損害のすべてについての賠償を上告人らに請求することは，条理上認められないというべきであり，民法416条1項にいう通常生ずべき損害の解釈上，本件において，被上告人が当該措置をとることができたと解される時期以降における当該営業利益相当の損害のすべてについてその賠償を上告人らに請求することはできないというべきであるとして，原審に差し戻した。

(4)　顧客離れによる利益喪失が問題となった事案

　うどん店経営者が，ビルの汚水漏れ事故により4カ月間の営業停止を経てう
どん店の経営を再開した後，客足が戻らなかったことにより生じた利益喪失の
賠償を求めた事案では，裁判所は，3カ月の限度で利益喪失と当該事故との間
に相当因果関係があることを認めた上で，当該3カ月間の前年同月比売上減少
額に，前年同期間中の平均粗利益率を乗じた額を相当因果関係のある損害と認
めた（→【裁判例5】）。

【裁判例5】東京地判平20・1・15Westlaw2008WLJPCA01158008

　ビルの地下1階店舗を賃借し，うどん店を経営している原告が，ビルの汚水漏
れ事故により損害を被ったとして，ビル所有者である被告に対し，民法717条に
よる損害賠償請求権（工作物責任）に基づき，休業損害，営業補償等の支払を求
めた事案である。

　裁判所は，「飲食店の営業にとって4カ月間の営業停止が客離れを招き，売上
減少を招くことは容易に予想される」として，現に営業再開後の売上が事故直前
から100万円余り割り込んでいることを指摘する一方で，「本件店舗が比較的単価
の低い商品を販売するうどん店であり，近隣のサラリーマンや学生あるいは飛込
みの客が主たる客層であると推認されることを考慮すると，休業による客離れを
回復するには，通常3カ月程度の営業努力があれば十分と考えられ，これを超え
る期間の売上げ低迷については，本件事故との相当因果関係を認めることができ
ない」として，3カ月の限度で利益喪失と当該事故との間に相当因果関係がある
ことを認めた上で，当該3カ月間の前年同月比利益喪失額に，前年同期間中の平
均粗利益率を乗じた額を損害として認めた。

　他方で，ユーザーが，外部ITベンダーのシステム開発遅延・開発停止等に
よって既存の顧客が離反したと主張して，当該既存顧客から得られたはずの年
会費等の固定収入の減少分の賠償請求をした事案では，裁判所は，他の要因が
既存顧客の離反に影響している可能性を指摘し，外部ITベンダーの賠償責任
を認めなかった（→【裁判例6】【裁判例7】）。

【裁判例6】東京地判平16・10・8判例秘書L05934058

　　被告（外部ITベンダー）にインターネット上で運営するペット販売の場を提供するウェブサイトの改良等を委託した原告（ユーザー）が，被告の開発作業が一向に完了しないことを理由に契約を解除し，被告に対し損害賠償を求めた事案である。

　　原告は，被告の債務不履行により，原告が運営していたウェブサイトの加盟店18店が退会し，予定どおり債務が履行されていれば得られたであろうテナント料を得られず，損害を被ったと主張したが，裁判所は，当該加盟店18店が，被告の債務不履行を理由に退会したかは，全証拠によるも明らかではないとして，相当因果関係がある損害とは認めなかった。

【裁判例7】東京地判平29・6・23Westlaw2017WLJPCA06238004

　　少林寺拳法を守り，正しく普及し，発展させることを目的として設立された一般社団法人である原告（ユーザー）らが，被告（外部ITベンダー）との間で，次期基幹システムを開発する契約を締結したが，被告が一方的にシステムの開発を中止したとして，被告に対し，債務不履行および不法行為に基づき損害賠償を求めた事案である。

　　原告らは，被告が開発を中止したことによって引き起こされたシステム障害により，登録信徒数および新規入門者が激減するなどし，それにより生じた護持会費，お布施の減少分を損害として主張したが，裁判所は，小学生や中学生といった子どもらが，他のスポーツに興味を持ち，少林寺拳法を学びたいという子どもらが減少していることなどが影響している可能性は否定できず，システムの開発ができなかったことにより，登録信徒数が減少したとはいえないから，原告らの主張は前提を欠き，損害の発生は認められないと判示した。

3　サイバーインシデント事案における検討

(1)　営業損害の内容

　　サイバー攻撃を受けた企業が営業損害について賠償請求をする場合，その営業損害の発生とその額とを検討する必要があるが，この額を算定するにあたっ

ていかなる基準を用いるかが問題となる。

　この点，企業は，売上を得るにあたって様々な費用を支出しているが，当該費用の中には売上高の増減に伴い変動する費用（以下「変動費」という。たとえば売上原価）と売上高の増減にかかわらず一定額が生じる費用（以下「固定費」という。たとえば家賃）の2種類が存在し，売上を失う場合には変動費の支出を免れることとなる。

　そのため，企業が被る営業損害は，失った売上高それ自体ではなく，その売上高から変動費を控除したもの，すなわち「限界利益」が基本となるものと考えられる。

　【裁判例1】が「売上減少に伴って支出を免れた仕入れ原価相当額等を控除する必要がある」と述べている点や，【裁判例2】が営業損害を算定するに際して売上原価を控除した点は，売上高から変動費を控除して損害の有無およびその額を算定しようとするものであり，「限界利益」を基準に営業損害を計算する立場と整合する。他方，【裁判例3】は，失われた売上高をそのまま相当因果関係のある損害と算定しているようだが，当事者間でどのような主張立証がなされたのか必ずしも明確ではない。

(2)　原告による損害拡大を回避または防止する措置

　営業損害が発生していたとしても，原告が損害拡大を回避または防止する措置を講じなかったとして，営業損害として認定される範囲が，一定の期間に発生した部分に限定される場合がある。

　【裁判例4】は，損害を回避または減少させる措置を何ら講じることなく，損害の発生にまかせてその損害のすべてについての賠償を請求することは条理上認められないと判示している。しかし，同判例は，あくまで賃貸借契約に関わる紛争の一場面で，賃借人が損害回避義務を負うことを前提とした判示を下した事例判断にとどまるため[2]，その射程については慎重に判断する必要がある。この点，【裁判例2】は，サーバの移転に伴いDNS情報が浸透するまでの2日間の稼働停止により生じる売上減少の賠償責任を否定するにあたり，「仮に

2　高橋穣「判解」最高裁判所判例解説民事篇平成21年度39頁，48頁

サーバーの移転が将来行われる場合であっても，旧サーバー上に新サーバーへの移転のお知らせを一定期間事前に告知したり，自動転送により新サーバーへ誘導したりすることにより，その売上減は容易に回避し得ると考えられる」と判示した。この記載には，ECサイト運営企業において，損害の発生・拡大を容易に回避できるにもかかわらず，あえて損害を発生させた場合にまで，その賠償を請求することはできないという価値判断があるといえ，【裁判例4】の損害回避義務に関する上記の判示と親和性がある。このような裁判例を踏まえると，特にECサイト運営企業がサイバー攻撃を受けた場合には，他のオンラインストアに出品するなど営業損害の発生を容易に回避し，あるいは容易に被害を軽減できる他の対策がないか検討し，ただちにこれを適切に実施することが重要となる。

(3)　顧客離れによる利益喪失

　顧客離れによる利益喪失につき，賠償責任の有無を判断している裁判例は，業務分野は異なるものの，いずれも，債務者の落ち度により生じたインシデントの影響が，顧客離れに及んでいるかどうかを問題としている（【裁判例5】【裁判例6】【裁判例7】）。そのため，基本的には，サイバーインシデントによる顧客離れによる利益喪失を判断する上でも，当該サイバーインシデントの影響が顧客離れに影響を及ぼしているかどうかにより判断すべきものと思われる。

　そして，たとえばECサイトにおける個人情報・クレジットカード情報漏えい事故が生じたときには，当該事故後も，当該ECサイトを利用して自らの個人情報・クレジットカード情報が漏えいすることを危惧し，当該ECサイトの利用を控える者が現れることは想定することができる。このように，特にBtoCビジネスを営む企業の場合には，インシデントが発生することにより，顧客離れが生じることは十分にありうる。そのため，外部ITベンダーの債務不履行によりサイバー攻撃被害に遭い，あるいは情報漏えい事故が生じた場合，当該情報漏えい事故の影響が及ぶ限りでは，顧客離れにより生じる利益喪失についても，相当因果関係がある損害であると認められることがあるものと思われる。もっとも，その影響が及んでいるのか，及んでいるとして，その影響期間をどのように特定すべきかは，個別具体的な事情に即した判断が必要となる。

その際，特に上記【裁判例5】および【裁判例7】では，インシデントが顧客離れに影響しているかどうかを判断する上で，被害企業が営んでいる事業の性質・顧客の性質・当時の社会情勢等の事情を考慮しており，参考となる。

第*3*　フォレンジック調査費用

1　インシデントレスポンスに伴うフォレンジック調査費用

　サイバーインシデントが発生した際の対応として，原因を特定し，被害範囲を確定するため外部の調査機関を起用する場合がある。

　主な調査は，サイバー攻撃の対象となったネットワーク機器，サーバ，パソコンに保存されたログを調査するフォレンジック調査である。これにより，サイバー攻撃の原因，データの漏えいの有無，マルウェアの感染状況，バックドア等の不正ファイルの設置の有無を調査する。

　フォレンジック調査に付随または補完する形で，不正アクセスにより流出した（可能性がある）情報がダークウェブをはじめとするインターネット上に拡散していないかどうかを調査するモニタリング調査（以下「モニタリング調査」という）をすることもある。

　これらの調査の際には，専門的な知識や技術を要するため，外部の調査機関を起用せざるをえない場合が多い。加えて，令和4年4月1日施行の改正個情法の下では，サイバー攻撃など不正の目的をもって行われた個人データの漏えい等が発生し，または発生したおそれがある場合には，個人情報保護委員会への報告が義務づけられているところ（個情法26条1項，同法施行規則7条3号），その報告の内容として「原因」が含まれている（同法施行規則8条1項4号）。そのため，サイバー攻撃を受けて個人データの漏えい等が発生した企業等においては外部の調査機関を起用して当該サイバー攻撃に関する調査を行うことは実務上定着しつつあるように思われる。

　なお，クレジットカード情報の漏えい案件についての調査については**第4章第3の3**(2)にて詳述する。

2 参考裁判例

サイバー攻撃を受けた企業等が，インシデント対応のために負担したフォレンジック調査費用を損害として賠償請求することがある。本項では，そのようなフォレンジック調査費用が債務不履行と相当因果関係のある損害に含まれるかについて判断した裁判例を紹介する。

【裁判例1】 東京地判平30・10・26Westlaw2018WLJPCA10268017

本件は，インターネットおよびパソコン通信を利用した情報提供サービス，通信販売業務等を目的とする原告（ユーザー）が，コンピュータシステム，ソフトウェアの企画，開発等を目的とする被告（外部ITベンダー）に制作を発注して同社から納品を受けたシステムにSQLインジェクションを可能にする脆弱性が存在したのは，その制作を担当した被告の被用者の故意過失によるものであるから，使用者である被告には使用者責任があるとして，被告に対して，損害賠償を求めた事案である。

原告は，当該システムに脆弱性がある旨の指摘を受け，緊急の概括的調査と当該システムの修正を依頼せざるを得なかったとして，調査費用に加え，当該システムの修正費用を損害として主張した。また，当該システムがSQLインジェクションを原因として不正にアクセスされ，サーバ内に格納されているスクリプトが書き換えられている可能性があり，サーバを移転する必要があるとして，サーバ移転費用を損害として主張した。さらに，当該システムを詳細に調査し，脆弱性が発見された場合には抜本的な修正を行う必要があるとして，詳細な調査および修正に係る費用を損害として主張した。

裁判所は，当該システムのSQLインジェクション対策としては原告の依頼したP社（引用者注：システム会社）による調査と対策が相当な措置であったというべきであるとして，調査費用を相当因果関係のある損害と認めた。一方，詳細な調査，抜本的な修正費用については，当該システムの制作代金を大幅に上回る高額なものであるばかりか，サーバ移転との併用により，原告の依頼により実施した調査，対策が相当なものであったことに照らせば，より詳細なセキュリティ診断や当該システムの抜本的修正を行う必要があるとはいえないから，相当因果関係のある損害とは認められないと判示した。

【裁判例2】東京地判平26・1・23判時2221号71頁

　被告（外部ITベンダー）との間でウェブサイトにおける商品受注システムの設計，保守等の委託契約を締結した原告が，被告製作のアプリケーションに脆弱性が存在したことにより当該ウェブサイトで商品を注文した顧客のクレジットカード情報が流出したとして，債務不履行に基づく損害賠償としてベライゾンビジネス社とラック社2社へのフォレンジック調査費用等の支払を求めた事案である。

　裁判所は，「本件流出の原因等の調査には専門的知見を用いる必要があり，かつ，個人情報の漏洩という性質からは早急に調査を行う必要があるところ，……ベライゾンビジネス報告書とラック報告書はそれぞれ記載内容が異なるように，ベライゾンビジネスとラックはそれぞれが有する専門的知見を活かして報告書を作成したと認められることからすれば，本件流出の原因調査を上記2社に依頼したことが相当性を欠くとはいえず，上記調査費用は原告の本件流出への対応及び被告に対する損害賠償請求を行うために必要な費用として合理的な範囲にとどまるというべきであるから，上記調査費用の合計393万7500円が被告の債務不履行と相当因果関係のある損害と認められる」と判示している。

【裁判例3】東京地判平25・3・19Westlaw2013WLJPCA03198005

　共同購入型クーポンサイトを運営していた被告との間でクレジット決済サービス契約を締結していた原告が，被告の債務不履行によって被告の顧客のクレジットカード情報が漏えいしたと主張して，被告に対し，原告が被った損害の賠償を求めた事案である。

　裁判所は，被告が，当該サイトに関してセキュリティ対策を講じ，当該サイトを適切に管理する義務を負っていたにもかかわらず当該義務を履行したとはいえないとした上で，当該サイトからカード情報が流出したことに関して原告がアクワイアラーに支払った違約金および事故調査費用合計約1617万円，PCI－DSS認定の再取得審査費用等の損害額を認定し，請求を認容している。

【裁判例4】前橋地判令5・2・17Westlaw2023WLJPCA02176003（控訴中で未確定）

　市教育委員会のサーバが不正アクセスされ，児童や生徒らの個人情報が流出したおそれがあるとして，市がシステム管理を委託した業者に対して，約1億7000

万円の損害賠償を求めた事案である。

　裁判所は，上記業者がセキュリティ機器の設定が不適切なまま市にシステムを引き渡したことを「単純かつ明白なミス」であるとして上記業者側に重大な過失があったと判断した上で，デジタルフォレンジック対応業務委託料について，インシデント対応の基本手順を整理した書籍の内容に沿った必要かつ相当な範囲内の対応であることから，被告の債務不履行を原因とする本件不正アクセスとの関係で相当因果関係のある通常生ずべき損害と認めるのが相当であると判示した。なお，調査の結果として個人情報の漏えいが確認されなかったとしても，それをもって調査の必要性が否定されるものではないと判示した。

　また，不正アクセスにより流出した情報がインターネット上に存在するかどうかの調査に要した費用についても，不正アクセスで流出した可能性のある個人情報は，センシティブな内容を含むものであり，その情報流出の規模も大規模なものであったということができるから，インシデント対応の基本手順の観点から，流出した可能性のある情報がインターネット上に存在するか否かを調査する必要性は高いといえ，また，その調査の性質上，専門的な知見を有する者に対して委託することも合理的であるということができるから，被告の債務不履行と相当因果関係のある通常損害と認めるのが相当であると判示した。

3　サイバーインシデント事案における検討

　以上の裁判例を概観する限り，サイバーインシデント事案においては，基本的にはフォレンジック調査費用が相当因果関係のある損害として認められている。なお，モニタリング調査の費用が損害として請求された【裁判例4】では，調査費用全額について相当因果関係がある損害であると認定されている。

　【裁判例1】は，裁判所は原告が調査会社にシステムのセキュリティ診断と，同診断により発見されたSQLインジェクションを可能にする脆弱性への対策を依頼した費用については特に詳細な説明を示すことはなく相当因果関係のある損害であると認めている。ただし，より詳細な調査，抜本的な修正を行うための費用については，「上記調査，対策をしており，サーバ移転との併用を前提とすれば，その調査，対策は相当なものであったとして，より詳細な調査や修正を行う必要はない」と判断され，被告の不法行為と相当因果関係のある損害

として認めなかった。その理由においては，原告が請求していた詳細な調査，抜本的な修正費用の金額640万円が当該システムの制作代金を大幅に上回る高額なものであったことにも言及している。

　【裁判例1】における当該詳細な調査の内容については判決文上明らかではないが，「本件システムの制作代金を大幅に上回る高額なものであるばかりか，後述のサーバー移転との併用を前提とすれば，原告の依頼によりP社の実施した調査，対策が上記のとおり相当なものであったことに照らせば，これに加えて，より詳細なセキュリティ診断や本件システムの抜本的修正を行う必要があるとはいえないから」との判示に鑑みれば，当該詳細な調査とは，インシデントの原因や被害範囲等の調査というよりは，従前よりも高いセキュリティ基準を確保するための（いわば再発防止策実施のための）調査であることがうかがわれる。

　以上から，サイバーインシデントを受けての調査費用が問題となる場合においては事故原因や被害範囲を明らかにするための調査費用は，インシデントと相当因果関係がある損害であると認められることが多いと思われる。他方で，よりセキュリティを強化するためなど他の目的を有する調査の費用については相当因果関係がある損害であると認められる場合は限られると思われる。

第*4*　第三者委員会費用・コンサルティング費用

1　インシデントレスポンスに伴う第三者委員会費用・コンサルティング費用の発生

(1)　第三者委員会の費用

　サイバー攻撃を受けた企業等が，専門的知見に基づく事故原因の究明および再発防止策の提言等を目的として，学者，弁護士，フォレンジック調査会社（あるいはその機能を有するコンサルティング会社）等の外部の専門家により構成される第三者委員会を設置する場合がある。たとえば，2022年2月に不正アクセスによって個人情報を含む情報が外部に流出したことを公表[3]した株式会社メタップスペイメントは，同社役員等に専門家アドバイザーを加えたメンバーで構成される再発防止委員会を同社内に設置した上で，事実関係の調査および再発防止の徹底を目的として，別途第三者委員会を設置している[4]。また，2022年10月末にサイバー攻撃を受け，院内システムがランサムウェアに感染した徳島県つるぎ町立半田病院も，原因分析，被害状況の実態把握，再発防止策など病院運営に関する重要事項について審議し，病院事業管理者に提言することを目的として，大学教授等の外部の専門家を委員に含めた有識者会議を設置している[5]。

3　「不正アクセスによる情報流出に関するご報告とお詫び」
　　https://www.metaps-payment.com/company/20220228.html
4　「再発防止委員会及び第三者委員会の活動について」
　　https://www.metaps-payment.com/company/news20220531.html
5　「徳島県つるぎ町立半田病院コンピュータウイルス感染事案有識者会議調査報告書について」https://www.handa-hospital.jp/topics/2022/0616/index.html

⑵　コンサルティング費用

　また，サイバーインシデントが発生した際の対応として，専門家をコンサルタントに起用する場合がある。コンサルティングの例としては，危機管理下において情報の発信方法を助言するコンサルティングや技術的観点から再発防止策を助言するコンサルティングが想定される。この中には，欧州におけるGDPR対応をはじめとするサイバーインシデントに伴う各国の当局とのコミュニケーションに関するコンサルティングも含まれる。国内においても2022年4月1日施行の改正個情法により，サイバー攻撃など不正の目的をもって行われたおそれがある個人データの漏えい等が発生し，または発生したおそれがある事態について，当該個人データに係る本人の数の多寡にかかわらず個人情報保護委員会への報告が義務づけられたことから（個情法26条1項，同法施行規則7条3号），その報告対応に関する助言や代理を弁護士に依頼するケースが増加していると思われる。

2　参考裁判例

⑴　はじめに

　情報システムに対してサイバー攻撃を受けた企業等が，当該情報システムの開発，保守等を委託していた外部ITベンダーに対して債務不履行に基づく損害賠償を請求する場合があり，当該企業等がインシデントレスポンスのために負担した諸々の費用をもその損害に含めることがある。もっとも，第三者委員会の費用およびコンサルティング費用が当該外部ITベンダーの債務不履行と相当因果関係のある損害に含まれるかについて判断した裁判例は少ない。

　他方で，サイバーインシデント以外の事案においては，第三者委員会の費用およびコンサルティング費用について債務不履行との相当因果関係の有無を判断した裁判例が比較的多数存在する。

　そこで本項では，サイバーインシデントの事案を検討する前提として，取締役による任務懈怠の事案，元従業員による不法行為の事案およびシステム開発における外部ITベンダーの債務不履行責任の事案における裁判例について紹介する。

(2)　取締役による任務懈怠の事案

　たとえば，取締役の善管注意義務違反との相当因果関係の有無が問題となった事案では，裁判所は，「検証，調査等のために支出を余儀なくされた費用」については相当因果関係が認められるとした上で，第三者委員会の費用および法律事務所に対する弁護士費用の一部について相当因果関係がある損害であると認めた（→【裁判例1】）。同様に，取締役による有価証券報告書の虚偽記載という違法行為の事案において，当該違法行為によって「調査を余儀なくされた」ことから，第三者委員会に対する報酬の一部について相当因果関係が肯定されている（→【裁判例2】）。このように取締役の任務懈怠の事案において，弁護士，会計士等の専門家が中立的な立場から調査を実施するために第三者委員会が設置された例は比較的多く，第三者委員会の設置が法律上の義務ではないにもかかわらず，その費用については，一定の限度で，相当因果関係がある損害であると認められている。

　さらに，第三者委員会に相当すると思われる調査委員会を設置したことにより支払われた調査費用について，調査委員会設置当時における社会的要請，取締役の社内における地位，任務懈怠の内容等に照らせば，「調査委員会に調査を委ねることが相当な事案」であることを理由として，取締役の任務懈怠との間の相当因果関係を肯定した裁判例も存在する（→【裁判例3】）。同裁判例の判例評釈は，従前から，第三者委員会の設置費用が取締役の任務懈怠から通常生じる損害に当たる，すなわち相当因果関係が認められるとする裁判例はあったが（たとえば【裁判例2】），調査委員会の設置が法律上および事実上も強制されていないにもかかわらず，相当因果関係が認められるとする理由をどのように考えるのかについての疑問が指摘されていたところ，「本判決は，（調査委員会設置当時に）上場会社における信頼確保の必要性が社会的に求められていたことや本件の事案などを踏まえ，第三者委員会の設置費用との相当因果関係を肯定しており，その理由付けがされており，上記の疑問に応じたものとなっている。」と説明している[6]。

6　金融・商事判例1600号48頁

【裁判例1】大阪高判平27・10・29判時2285号117頁
（最決平28・11・9（上告不受理）により確定）

　　A社の株主である一審原告が，A社の取締役であった一審被告らに対し，A社のマネジメント・バイアウト（MBO。以下「本件MBO」という）を行うに際し，一審被告らが善管注意義務違反にあたる行為等をし，そのために本件MBOが頓挫したことから，A社が無駄な費用を支出し，A社の信用が失墜したと主張して，A社に損害賠償するよう求めた株主代表訴訟の事案である。

　　裁判所は，善管注意義務違反と本件MBOの頓挫との間の因果関係を認めることはできないことを前提に，A社が本件MBOの実施にあたって支出した費用のうち一審被告らが賠償の責めに任ずるのは，利益相反行為によって，本件MBOの公正が疑われたことにより，A社がその「検証，調査等のために支出を余儀なくされた費用」に限られるとした上で，弁護士4名で構成される第三者委員会の費用（同弁護士らによるヒアリング等の調査，調査報告書作成等の業務の手数料，実費等）について，専ら一審被告らによる善管注意義務違反を含む本件MBOの法的問題を解決するために支払われたものであり，一審被告らの善管注意義務違反があったことにより支出を余儀なくされた費用であるとして，一審被告らの善管注意義務違反と相当因果関係がある損害と認めた。

　　また，法律事務所に対する弁護士費用についても，一審被告らの善管注意義務違反に起因した諸々の問題に対処するため支出を余儀なくされた費用，あるいは一審被告らの善管注意義務違反に関連して発生した法律事務に係る費用については，一審被告らの善管注意義務違反により支出を余儀なくされた費用にあたるとして，被告らの善管注意義務違反と相当因果関係がある損害と認めた。

【裁判例2】東京地判平28・3・28判時2327号86頁

　　有価証券報告書の虚偽記載等により課徴金を課された原告が，その取締役であった被告に対し，被告による虚偽記載等により損害を被ったとして，損害賠償を請求した事案である。

　　裁判所は，原告が被告による違法行為によって過去に行われた原告の各取引に不適切なものがなかったかについての調査を余儀なくされたと認定した上で，第三者委員会に対する報酬について，裁判所が不適切な取引であると認定した取引の調査のために要した報酬部分の限度で，被告の違法行為と相当因果関係がある損害と認めた。

【裁判例3】東京地判令2・2・13金判1600号48頁

(東京高判令2・9・16（控訴棄却），

最決令3・9・14（上告棄却・上告不受理）により確定)

　上場企業である原告が，原告の取締役会長兼原告の親会社の代表者の地位にあった被告に対し，被告が部下に指示をするなどして海外子会社等を通じて複数の不正行為を行ったとして，会社法423条1項に基づき損害賠償を請求した事案である。

　裁判所は，原告が，社内調査チームを設置して調査を進めた後，当該不正行為の全容解明および再発防止策の策定を目的として，弁護士3名を委員とする特別調査委員会を設置し，調査費用（委員への報酬，実費，消費税）を支払ったところ，①当該調査委員会設置当時の平成29年には，上場会社において不祥事が生じた場合には，関係者の信頼を回復するために，最適な調査体制を構築し，その背景事情や根本的な原因を究明することが社会的にも求められていたこと，②被告は原告の役職員に対して強い影響力を有していることにも照らせば，当該不正行為の調査にあたっては，原告社内で調査を行うなどの自浄作用に委ねるのみでは，調査の客観性，中立性に疑いを生じさせかねず，原告の事業展開にも悪影響を及ぼしかねないことなどを理由として，本件については，原告としては，被告の影響を排除した上で十分な調査を行うことができるよう，外部の専門家である弁護士で構成される当該調査委員会に調査を委ねることが相当な事案であったとした。

　そのうえで，裁判所は，当該調査委員会を設置したことにより原告が支払った調査費用が，原告にとって，被告の不正行為の内容を明らかにし，関係者からの信頼を回復するために必要なことであったといえ，同費用の支払が被告の任務懈怠から通常生ずる損害といえることから，被告の任務懈怠と原告が支払った調査費用との間には相当因果関係が認められる旨判示した。

(3) 元従業員による不法行為の事案

　元従業員による会社に対する信用棄損行為という不法行為との相当因果関係の有無が問題となった事案では，裁判所は，「単なる内部調査に基づく報告やお詫び文書のみをもって，取引銀行等において本件改ざん行為等は存在しないという認識が得られ，かつ，原告の信用回復措置が図られるということはできない」と認定した上，第三者委員会に調査を依頼することは「社会通念上相当

な行為」であるとして，同委員会に支払った調査費用について相当因果関係がある損害であると認めている（→【裁判例4】）。

【裁判例4】東京地判令4・1・13Westlaw2022WLJPCA01138006

株式会社である原告が，原告が懲戒解雇した元従業員の被告に対し，被告が原告の信用を棄損する文書を提携先の複数の銀行に送付したことについて，不法行為に基づく損害賠償を請求した事案である。

裁判所は，原告が，当該文書の記載内容の真偽を明らかにして提携先の銀行に報告するために，弁護士らで構成する第三者委員会に対して調査を依頼せざるをえなくなったとして，同委員会に支払った調査費用が被告による信用棄損行為と因果関係のある損害である旨を主張したところ，重要な役職にあった被告によって当該文書が送付されたことに鑑みると，単なる内部調査に基づく報告やお詫び文書のみをもっては，取引銀行等において当該文書の記載内容が虚偽であるという認識が得られることはできず，かつ，原告の信用回復措置が図られるということはできないことからすると，原告が第三者委員会に当該文書の記載内容の真偽について調査を依頼することが社会通念上相当な行為であり，同委員会に対する調査費用の支払が当該文書の送付と因果関係のある損害ということができると判示した。

⑷　システム開発における外部ITベンダーの債務不履行の事案

システム開発において，外部ITベンダーが納期までにシステムを納入することができなかった場合やプロジェクトの継続が不可能になった場合，発注者であるユーザーが，外部ITベンダーの債務不履行を理由として，損害賠償請求をすることがある。そのような事案において，ユーザーがシステム開発にあたり外部の専門家に支払ったコンサルティング費用が損害に含まれることがある。

たとえば，情報管理システムの開発を委託したユーザーが外部ITベンダーに対し，納期までにシステムの完成および引渡しができなかったとして，債務不履行に基づく損害賠償を請求した事案において，ユーザーが情報システムの専門家に支払ったコンサルティング費用を損害として請求したところ，裁判所

は，当該専門家の「支援が不可欠であった」として，当該損害について，債務
不履行との相当因果関係があると認めた（→【裁判例5】）。

　他方で，システム開発にあたりユーザーが監査法人にコンサルティングを依
頼した事案では，システム開発にあたって注文者が監査法人のコンサルティン
グおよびシステムの導入支援を受けることは一般的とはいえないことを理由に，
相当因果関係が否定されている（→【裁判例6】）。

【裁判例5】旭川地判平28・3・29判時2362号64頁

　原告，被告および訴外N社の三者が，被告が原告のために病院情報管理システ
ムを開発し（そのための一連のプロジェクトを「本件プロジェクト」という），
これを所有者である訴外N社をして原告にリースすることを目的とする契約を締
結したところ，原告が被告に対し，納期までに当該システムの完成および引渡し
がなかったために損害を被ったとして，債務不履行に基づく損害賠償を請求した
事案である。

　裁判所は，原告が，当該システムを導入するにあたり，仕様策定など調達に係
るコンサルティングおよび開発監理を委託する目的，ならびに本件プロジェクト
の継続の可否を判断するにあたり，会議出席や設計ドキュメントの確認，報告資
料の作成等を委託する目的でコンサルティング費用を支出したところ，本件の事
情に照らすと，当該契約締結の準備段階から当該契約締結後に至るまで，原告が
本件プロジェクトを進め，意思決定をするにあたっては，情報システムの専門家
の支援が必要不可欠であったといえ，そのコンサルティング費用は被告の債務不
履行と相当因果関係のある損害であると判示した。

※なお，控訴審（札幌高判平29・8・31判時2362号24頁）では，一審被告には債
務不履行（履行遅滞）について帰責性はないとして一審原告の請求を棄却したた
め，コンサルティング費用が被告の債務不履行と相当因果関係のある損害に含ま
れるかについての判断はなされていない。

【裁判例6】東京地判平14・4・22判タ1127号161頁

　被告（ユーザー）からシステムの開発業務を請け負った原告（外部ITベン
ダー）が，被告に対して同請負契約に基づく請負代金を請求し（本訴請求），こ
れに対し，被告は原告に対し，当該システムは完成していない，仮に完成してい
ても原告が補修をしないため契約を解除したので支払義務はないとして争うとと

もに，原告の不適切な当該システム開発により損害を被ったとして，債務不履行に基づく損害賠償を請求した（反訴請求）事案である。

　裁判所は，被告が，当該システム開発にあたって，監査法人に対し，当該システム開発の支援業務に関するコンサルティングを依頼し，コンサルティング費用を支出したところ，本件のようなシステム開発にあたって，注文者が監査法人のコンサルティングおよびシステムの導入支援を受けることが一般的であると認めるに足りる証拠は存在せず，このような被告の都合により発生した費用まで原告の負担とするのは，公平の見地に照らして相当とはいえないとして，当該コンサルティング費用について，原告が債務不履行に基づき損害賠償義務を負う損害であると認めなかった。

(5)　サイバーインシデントの事案

　近時，サイバーインシデントの事案において，第三者委員会の費用について，不正アクセスで流出した可能性のある個人情報の内容や，その情報流出の規模，不正アクセスに係る原因分析などについて専門的な知見を要するものであることを考慮して，ユーザーが不正アクセスを受けて第三者委員会を設置して事実確認を行ったことは合理的な措置ということができるとして，外部ITベンダーの債務不履行と相当因果関係のある通常損害と認めるのが相当であると判示した裁判例が現れた（→【裁判例7】）。

　また，同裁判例は，コンサルティング費用について，システムの規模や不正アクセスの内容に照らして，専門的知識や経験を前提としたコンサルティング業務を依頼することも合理的であるとして，相当因果関係のある損害であると認定している。

【裁判例7】前橋地判令5・2・17Westlaw2023WLJPCA02176003
（控訴中で未確定）

　市教育委員会のサーバーが不正アクセスを受け，児童や生徒らの個人情報が流出したおそれがあるとして，市がシステムの構築・保守を委託した外部ITベンダーに対して，約1億7000万円の損害賠償を求め（本訴請求），これに対し，当該外部ITベンダーが市に対して費用・報酬の支払を求めた（反訴請求）事案で

ある。

　裁判所は，上記外部ITベンダーがセキュリティ機器の設定が不適切なまま市にシステムを引き渡したことを「単純かつ明白なミス」であるとして上記外部ITベンダー側に重大な過失があったと判断した上で，インシデント対応の基本手順につき，①インシデント情報の検知，②インシデント情報の分析（トリアージ），③初動対応および証拠保全，④当局対応および情報開示，⑤原因分析および再発防止，⑥事後対応（被害者への補償，被害回復および責任追及）と整理した書籍の内容の信用性を疑わせる事情は特段見当たらないから，上記①〜⑥に該当する対応にかかった費用については，相当と認められる範囲において，外部ITベンダーの債務不履行を原因とする不正アクセスとの関係で相当因果関係のある通常生ずべき損害（通常損害）と認めるのが相当であると判示した。

　そのうえで，裁判所は，第三者委員会委員報酬等について，本件の不正アクセスで流出した可能性のある個人情報は，センシティブな内容を含むものであり，その情報流出の規模も大規模なものであったということができるから，インシデント対応の基本手順の②インシデント情報の分析，④当局対応および情報開示ならびに⑤原因分析および再発防止を第三者的な視点から慎重に行うことは合理的であったということができるし，これに，不正アクセスに係る原因分析などについては，その性質および内容に照らし，専門的な知見を要するものであることをあわせ考えると，市が不正アクセスを受けて第三者委員会を設置して事実確認を行ったことは合理的な措置ということができるから，外部ITベンダーの債務不履行と相当因果関係のある通常損害と認めるのが相当であると判示した。

　また，裁判所は，インシデント対応支援コンサルティング業務委託料については，同業務の委託は，インシデント対応の基本手順の③初動対応および証拠保全ならびに④当局対応および情報開示に係る対応に係るコンサルティング業務であると認められ，また，システムの規模や不正アクセスの内容に照らし，市において専門的知識や経験を前提としたコンサルティング業務を依頼することも合理的であるとして，その全額を相当因果関係のある損害と認定した（なお，この事案では，訴訟追行に係る弁護士費用についても，市の外部ITベンダーに対する債務不履行に基づく損害賠償請求は委託契約の本来的債務の不履行を問題とするものではあるが，同契約の内容の理解のためにはシステム開発に係るある程度の専門的知見を要するものと認められる上，市が求めている損害は，いわゆる拡大損害であり，その主張立証にあたっても，同様にシステム開発に係るある程度の専門的知見を要するものと認められるのであり，このような事案の内容に照らせば，本件は，弁護士に訴訟追行を委任しなければ十分な訴訟活動をなしえないもので

あると認めるのが相当であるとして，（弁護士費用以外の）認容額の約1割を相当因果関係のある損害と認定した）。

3　サイバーインシデント事案における検討

(1)　第三者委員会の費用

　取締役による任務懈怠の事案において，第三者委員会の費用は，取締役の任務懈怠があったことにより「支出を余儀なくされた費用」であること，あるいは「調査を余儀なくされた」ことを理由に相当因果関係がある損害であると認められている（→【裁判例1】【裁判例2】）。さらに，上場会社において不祥事が生じた場合には，関係者の信頼を回復するために，最適な調査体制を構築し，その背景事情や根本的な原因を究明すべきという社会的要請があること，社内調査だけでは調査の客観性，中立性に疑いを生じさせかねず，事業の展開に悪影響を及ぼしかねないことなどを理由に，第三者委員会に「調査を委ねることが相当な事案」であるとして，相当因果関係がある損害であると認められている（→【裁判例3】）。また，元従業員による不法行為の事案でも，単なる内部調査に基づく報告やお詫び文書のみをもって，取引銀行からの信用の回復が図られるということはできないことから，第三者委員会に調査を依頼することは「社会通念上相当な行為」であるとして，相当因果関係のある損害であると認めている（→【裁判例4】）。

　もっとも，サイバーインシデントの場合，サイバー攻撃を受けた企業等は外部の第三者機関にフォレンジック調査を依頼するのが通常であり，それによって事故原因および被害範囲が確定し，さらにそれらを踏まえた具体的な再発防止策を調査会社から推奨されることが多いのが特徴である。よって，基本的には，フォレンジック調査を実施することで十分であり，別途第三者委員会を設置し調査を依頼する必要性は乏しいといえる。

　そのため，サイバーインシデント対応として第三者委員会を設置する場合に，その費用が相当因果関係のある損害であるといえるためには，技術面のフォレンジック調査では調査対象とならない事実関係の調査が必要であったり，背景

事情や根本的原因を究明すべき等との要請が，顧客，取引先，株主等のステークホルダーあるいは監督官庁等から具体的に生じていたりすることが必要と考えられる。

　実際に，冒頭で挙げた株式会社メタップスペイメントの事案では，脆弱性診断の報告書の改ざんが行われており，監督官庁である経済産業省や個人情報保護委員会から第三者委員会設置の要請があってしかるべき事案と思われる。徳島県つるぎ町立半田病院の事案も，2カ月間におよび治療行為を含む正常な病院業務が滞ったことは大きく新聞やテレビに取り上げられ，社会的な問題になっていたことは周知の事実である。

　なお，【裁判例7】では，不正アクセスで流出した可能性のある個人情報の内容や，その情報流出の規模，不正アクセスに係る原因分析などについて専門的な知見を要するものであることを考慮して，市が不正アクセスを受けて第三者委員会を設置して事実確認を行ったことは合理的な措置ということができるとして，外部ITベンダーの債務不履行と相当因果関係のある通常損害と認めるのが相当であると判示している。この事案でも，第三者委員会が行ったとされる「事実確認」には，技術面のフォレンジック調査では調査対象とならない事実関係の調査も含まれていたと考えられることに加え[7]，市という行政機関において，児童や生徒らに係る，センシティブな内容を含む極めて多数の個人情報が流出した可能性が高ければ，市民から背景事情や根本的原因を究明すべきとの要請があってしかるべきであるから，上記の考え方と矛盾しないと思われる。

(2)　コンサルティング費用

　取締役による任務懈怠の事案において，それとの関連で助言等を求めた法律事務所に対する弁護士費用は，取締役の任務懈怠があったことにより「支出を余儀なくされた費用」であることを理由に相当因果関係が肯定されており（→【裁判例1】），システム開発にあたりユーザーが専門家をコンサルタントに起

---

[7]　実際，この第三者委員会の検証報告書によると，同委員会は，関係者のヒアリング等を実施している（https://www.city.maebashi.gunma.jp/material/files/group/95/houkokusyo.pdf）。

用した事案においても，専門家による「支援が必要不可欠」であったとして相当因果関係が肯定されている（→【裁判例5】）。

　この点，冒頭で述べたとおり，2022年4月1日施行の改正個情法の下では，サイバー攻撃など不正の目的をもって行われたおそれがある個人データの漏えい等が発生し，または発生したおそれがある事態については，個人情報保護委員会への報告が義務づけられており，具体的には，当該事態を知った後，速やか（概ね3～5日以内）に速報が，当該事態を知った日から60日以内に確報が必要となる（個情法26条1項，同法施行規則8条1項・2項）。また，かかる事態にあっては，本人への通知，あるいは本人への通知が困難である場合は事案の公表などの本人の権利利益を保護するために必要な代替措置を講ずることも個情法上の義務となる（同法26条2項，同法施行規則10条）。さらに，サイバー攻撃により情報漏えいが発生した場合には，当該情報に係る個人や取引先への対応が必要となることがある。

　サイバー攻撃の事後対応であるインシデントレスポンスの現場においては，混乱を極めていることが多く，その中で上記のような諸々の対応を自社だけで行うのは困難といえる。そのため，インシデントレスポンスにあたっては，弁護士等の専門家による助言，協力が必要であり，そのコンサルティング費用について相当因果関係がある損害であると認められやすいケースが多いものと考えられる。

　実際に，近時，サイバーインシデントの事案において，システムの規模や不正アクセスの内容に照らして，専門的知識や経験を前提としたコンサルティング業務を依頼することも合理的であるとして，そのコンサルティング費用を相当因果関係のある損害であると認定した裁判例が現れた（→【裁判例7】）。

　他方で，システム開発にあたりユーザーが監査法人に支払ったコンサルティング費用について，システム開発にあたってユーザーが監査法人のコンサルティングを受けることは一般的ではないことを理由に相当因果関係を否定した事案（→【裁判例6】）があることから，サイバーインシデント対応においても，コンサルティングを依頼した専門家の業務内容によって相当因果関係が否定されることもありうるといえる。

第5　人件費

1　事故対応に要した人件費

　企業がサイバー攻撃を受けて事業中断が発生したり，情報漏えいが発生したりした場合，インシデントレスポンスによって残業代などの人件費を要することがある。

2　参考裁判例

　サイバーインシデントに関係して人件費が問題となった裁判例は少ないため（→【裁判例7】），本項では別分野において人件費が問題となった裁判例を含めて紹介する。

【裁判例1】東京地判平20・3・12判タ1295号242頁

　原告Aが，被告に対し，原告Aが原告Bから賃借した建物に雨漏りを生じさせるなどの瑕疵（主位的には合意違反，予備的には基本的性能の欠如）があり，被告が行った補修工事も不適切であったとして，不法行為責任に基づき，雨漏りによって生じた在庫損害等の損害の賠償を請求した事案である。
　裁判所は，従業員に支払った給与等が損害であるとの原告の主張について，原告Aが従業員に給与等を支払うのは，一義的には，従業員との間の雇用契約によって生ずる債務の履行であり，給与等をもって当該建物の瑕疵ないし雨漏りによって支出されることとなった金銭ということはできないと判示した。

【裁判例2】東京地判平16・12・22判タ1194号171頁

　原告が，被告に対し，コンピュータによる販売管理システムの開発を依頼した

が，原告が受領した当該システムには種々の瑕疵があったとして，損害賠償を請求した事案である。

　裁判所は，当該システム導入により，社員を一定時間他の目的に従事させることができたのであるから，その時間に相当する給与分815万9976円が，当該システム導入の遅滞による損害であるとの原告の主張に対し，これら社員の給与は，当該システム導入のいかんにかかわらず，原告が当該社員を雇用している限り当然に支出すべき経費であり，たとえば当該システム導入によりこれら社員を解雇することができたとか，これら社員が他の業務に従事することにより具体的に利益が得られた等のような特段の事情があればともかく，そのような立証のない本件においてこれを損害と認めることはできないと判示した。

【裁判例3】東京地判令2・9・14Westlaw2020WLJPCA09148002

　原告が，被告からマンション建築工事を請け負ったところ，着工前に一方的に請負契約を解除されたとして，被告に対し，民法641条または請負契約に付随する約款に基づく発注者による解除を理由とする損害賠償請求を行った事案である。

　裁判所は，当該工事に関する業務に従事させた従業員の給与のうちの一定割合を損害とする原告の主張に対し，当該従業員は当該工事のために新たに雇用されたというのではないのであるから，当該工事に関する業務に従事したことをもって直ちにその給与が当該解除と相当因果関係のある損害に当たるということはできず，その他当該従業員が当該工事に関する業務に従事していたことにより，当該工事以外の原告の業務に関して損害が生じたという事情を認めるに足りる証拠はないと判示した。

【裁判例4】東京地判令2・3・4Westlaw2020WLJPCA03048013

　建物1階で保育園を運営する原告が，当該建物2階で家庭支援センターを運営する被告において，漏水事故が発生する可能性がある施設を適切に管理するという注意義務を怠るとともに，当該センター内の設備の保存に瑕疵があったため，当該センターにおいて漏水事故を発生させ，階下の当該保育園に浸水被害を生じさせたと主張して，民法709条の規定または717条1項本文の規定に基づき，被告に対し損害賠償を請求した事案である。

　裁判所は，当該漏水事故の発見日に係る人件費が損害であるとする原告の主張について，当該漏水事故によって原告の従業員に対する給与支払額が現実に増加

し，その支払を余儀なくされ，原告に損失が生じたと認めるに足りる的確な証拠がないから，当該人件費が当該漏水事故と相当因果関係のある損害であると認めることはできないと判示した。

　なお，本件では，そもそも，原告が行った漏水事故の処理に必要性がなく，その結果，その処理に伴って発生した人件費については事故との因果関係がないとも判断されている。

【裁判例5】東京地判令2・2・28Westlaw2020WLJPCA02288025

　原告が被告に発注した熱交換器を原告において取扱説明書に従って据え付ける作業をしていたところ，当該熱交換器が破断する事故が発生したことから，原告が，当該熱交換器に瑕疵あるいは欠陥があったことから当該事故が生じたとして，当該熱交換器を売った被告に対し，損害賠償を請求した事案である。

　裁判所は，原告が，当該事故により，事務処理に47万4726円の支出を要したことが認められるところ，これによれば，原告が，当該事故により当該費用相当額47万4726円の損害を被ったということができると判示した上で，原告が，人件費相当額（700万円）を当該事故による損害であると主張するが，原告が当該事故のために臨時で人員を増員したなどといった事情を認めるに足りる証拠はないから，原告の当該主張を採用することはできないと判示した。

【裁判例6】東京地判平31・1・30Westlaw2019WLJPCA01308023

　原告が，被告にキャンペーン対象商品の当選者への発送業務を委託したところ，原告側で作成した封入式送り状の一部入力漏れに伴い，被告側において，対象商品の梱包資材からこれを剥がし，新たに作成した圧着式送り状を貼付することとなったにもかかわらず，被告会社従業員が，5枚綴りの封入式送り状の下3枚を残したまま，その上から他の当選者の圧着式送り状を貼付して対象商品を発送したため，封入式送り状の記載内容が透けて見える状態となり，581名の個人情報が漏えいしたとして，被告会社に対し，不法行為に基づく損害賠償を求めた事案である。

　裁判所は，原告c事務局の時間外労働賃金（12万8250円）については，平成28年4月24日までは，挨拶状を作成・発送する作業のため土曜日に出勤した特殊な場合を除いては，時間外労働があってもせいぜい3時間未満であったところ（休日出勤は1日分であり，同年4月中の出勤日数17日で除した平均残業時間は1時

間45分），同月25日に本件の問題が発覚してからは，その直後が大型連休期間であったにもかかわらず，5月4日の1日を除いて土日や休日も出勤するなどして本件の対応をしたことがうかがわれ（休日出勤は5日分であり，4月25日から本件回収作業の完了した翌日である5月27日までの出勤日数26日間で除した平均残業時間は3時間30分近くである），これらは，時期的に見ても，時間的に見ても，本件の対応のために時間外労働をしたものと合理的に推認することができるから，相当と認めることができると判示した。

【裁判例7】前橋地判令5・2・17Westlaw2023WLJPCA02176003

本件は，市教育委員会のサーバーが不正アクセスされ，児童や生徒らの個人情報が流出したおそれがあるとして，市がシステム管理を委託した業者に対して，約1億7000万円の損害賠償を求めた事案である。

裁判所は，当該業者がセキュリティ機器の設定が不適切なまま市にシステムを引き渡したことを「単純かつ明白なミス」であるとして当該業者側に重大な過失があったと判断した上で，職員時間外勤務手当分等について，当該不正アクセスを受けての対応として，コールセンターを設置し，また，通知文書の発送をすることは，必要かつ相当なものであると認められるから，そのために要した支出ないし負担は，被告の債務不履行と相当因果関係のある通常損害と認めるのが相当であると判示した。

3　サイバーインシデント事案における検討

裁判例を踏まえると，事故対応に要した人件費については，従業員等に人件費を支払うことは従業員等との間の契約に基づく債務の履行であるという基本的な理解の下（【裁判例1】【裁判例2】【裁判例3】【裁判例4】【裁判例5】），事故対応のために，本来予定されていなかった賃金（残業代など）を支出した場合（【裁判例6】【裁判例7】）などにおいて，相当因果関係のある損害であると認められている。

第*6*　コールセンター費用

1　インシデントレスポンスに伴うコールセンター費用

　サイバーインシデントが発生した場合，ステークホルダーやマスメディアから問い合わせが少なからず寄せられる。

　特に，顧客の個人情報を大量に保有するBtoCの事業では，通常，個人顧客から大量の問い合わせを受けることが多い。

　たとえば，近年，ECサイトへの不正アクセスによるクレジットカード情報を含む個人データの漏えい等事案が多く発生しており[8]，こうした事案が発生した場合，ECサイト事業者は，ECサイトを利用する多数のユーザーから説明や対応を求められることが想定される。

　しかしながら，多数の問い合わせに対応する体制が平時から整っている企業は多くなく，サイバーインシデントが発生した企業のみで多数の顧客やユーザーへの迅速な対応を行うことは困難である。

　したがって，サイバーインシデントの発生により顧客やユーザーから多数の問い合わせを受けることが想定される場合，被害企業は，顧客やユーザーからの問い合わせに迅速に対応するため，外部の専門事業者にコールセンター業務を委託することが通常であり，被害企業には，情報漏えい対応に伴い「コールセンター費用」（外部の専門事業者にコールセンター業務を委託する費用）の負担が生じる。

8　個人情報保護委員会が令和4年3月16日に発表した「ECサイトへの不正アクセスに関する実態調査」（https://www.ppc.go.jp/files/pdf/ecsite_report.pdf）

2　参考裁判例

　情報漏えいを発生させた企業が，情報漏えいの原因を作出したと考える者（システムの開発や保守を委託していた外部ITベンダー等）に対して債務不履行または不法行為に基づく損害賠償請求をする場合，サイバーインシデント対応のために負担した費用であるコールセンター費用についても賠償請求をすることがある。

　このような損害賠償請求事案においては，コールセンター費用が対象となる債務不履行または不法行為と相当因果関係のある損害といえるかが問題となる。

　以下では，サイバーインシデント（→【裁判例1】）および人為的ミス（→【裁判例2】）にそれぞれ起因する情報漏えい事案においてコールセンター費用が損害として賠償請求された裁判例を紹介する。

【裁判例1】東京地判平26・1・23判時2221号71頁

　通信販売等を行う企業が外部ITベンダーに当該企業のウェブサイトにおける商品の受注システムの設計，保守等を委託していたところ，外部ITベンダーが製作したアプリケーションが脆弱であったことにより上記ウェブサイトで商品の注文をした顧客のクレジットカード情報が流失したとして，当該企業が外部ITベンダーに対して損害賠償請求をした事案である。当該企業は，外部ITベンダーに対し，インシデントへの対応専用のコールセンターを設置するため外注したことにより支出したコールセンター費用の賠償も請求した。

　裁判所は，特に具体的な認定根拠について言及することなく，当該企業が外部ITベンダーに対して賠償請求したコールセンター費用全額を外部ITベンダーの債務不履行と相当因果関係のある損害と認められると判示した。

【裁判例2】東京地判平31・1・30Westlaw2019WLJPCA01308023

　委託企業が受託企業に対してキャンペーン対象商品の当選者への発送業務を委託したところ，受託企業の担当者の指示不足により個人情報が漏えいしたとして，委託企業が受託企業に対して損害賠償を請求した事案である。委託企業は，受託

企業に対し，コールセンター費用（「緊急対応窓口開設運用業務費用」）の賠償も
請求した。

　裁判所は，委託企業が請求したのは「24時間対応の外部委託によるコールセン
ターの設置運営費用であるところ，当選者の生命や身体の安全に関する緊急事態
に対応する必要があるケースであればともかく，個人情報の漏洩問題に対する対
処としてはいささか行き過ぎの面がある」と述べた上，「深夜・早朝の時間帯の
費用」については，受託企業の「不法行為と相当因果関係のある損害ということ
はできない」と判示した。また，裁判所は，「実際の問合せ電話の件数がそうで
あるように，5月の連休明けの週までは電話対応に備えておくとしても，それ以
降は，」委託企業の事務局で「他の業務の傍ら，直接対応することができたと考
えられるのであり，やはり，平成28年5月16日以降の費用は，同年5月末日まで
の窓口閉鎖連絡用の応答以外」受託企業の「不法行為と相当因果関係のある損害
ということはできない」と判示した。

3　サイバーインシデント事案における検討

　以上の裁判例を踏まえると，サイバーインシデントが発生した場合，サイバ
ー攻撃等を受けた企業が支出したコールセンター費用は，基本的にはインシ
デント（外部ITベンダー等の債務不履行または不法行為）と相当因果関係の
ある損害として認められるものと考える。もっとも，実際の問い合わせ件数等
が考慮された上で，コールセンター費用のうち「深夜・早朝の時間帯の設置費
用」や「サイバー攻撃等を受けた企業の事業所で直接対応することができたと
考えられる時期以降の設置費用」については，インシデント（外部ITベンダー
等の債務不履行または不法行為）と相当因果関係のある損害として認められな
い可能性がある。

第*7*　被害拡大防止費用・再発防止費用

1　インシデントレスポンスに伴う被害拡大防止費用，再発防止費用の発生

(1)　被害拡大防止費用

　サイバーインシデントが発生した際に，緊急の対応としてサイバー攻撃の原因の調査に加え，その後の被害の拡大を防ぐための対策を実施することがある。サーバやパソコンをインターネットや社内環境から切り離すといった対策であれば，自社で対応できるケースもあるが，判明したアプリケーション等の脆弱性等への対策を実施する場合や事業継続のために緊急でクリーンな業務用のサーバを新たに用意する場合などには外部ITベンダーに依頼をすることもあり，その際には費用が発生することがある。

(2)　再発防止費用

　サイバー攻撃の原因等の調査を実施し，原因が判明した際には，今後同様のサイバーインシデントが発生しないように脆弱性のないシステムを再構築する，新たにセキュリティ製品を導入するといった再発防止策を実施するケースがある。ECサイトで生じたクレジットカード情報の漏えい事案においては，クレジットカード決済の再開のための条件としてフォレンジック調査により判明した脆弱性への対策を講じることが求められることもある。加えて，2022年4月1日施行の改正個情法の下では，サイバー攻撃など不正の目的をもって行われた個人データの漏えい等が発生し，または発生したおそれがある事態については，個人情報保護委員会への報告が義務づけられているが（個情法26条1項，同法施行規則7条3号），報告内容として「再発防止のための措置」が含まれていることもあり，サイバー攻撃を受けた企業等において再発防止策をとるこ

とは実務上必須の対応となっている。

　なお，(1)の被害拡大防止費用も，今後の同様の事故の発生を防ぐための費用という意味では再発防止費用ともいえ，事実上重なる部分があることも少なくないと思われるが，ここではサイバーインシデント発生後に被害の拡大防止を主目的として緊急対応の一環で実施した対策に関する費用を被害拡大防止費用，システムや事業の復旧をする過程において同様の事故を防ぐために実施した対策に関する費用を再発防止費用と整理している。

2　参考裁判例

(1)　被害拡大防止費用

　サイバー攻撃を受ける前の段階であるが，フォレンジック調査を実施した上で判明した脆弱性への緊急対応に要した費用や情報漏えいの危険性を排除するためのサーバ移転費用をシステムの開発，保守等を委託していた外部ITベンダーに対して損害賠償請求したところ，当該費用が外部ITベンダーの債務不履行と相当因果関係のある損害として認定した裁判例が存在する（→【裁判例1】）。なお，この裁判例においては，抜本的な修正費用の損害賠償も請求されているが，当該費用については相当因果関係のある損害とは認められていない。

　また，サイバー攻撃を受けて，被害を受けたネットワークシステムを停止し，インターネット環境の整備のための緊急的な対応としてノートパソコンをリースして配備した費用等をシステムの開発等を委託していた外部ITベンダーに対して損害賠償請求したところ，当該費用を外部ITベンダーの債務不履行と相当因果関係のある損害として認定した裁判例が存在する（→【裁判例2】）。

【裁判例1】東京地判平30・10・26Westlaw2018WLJPCA10268017

　インターネットおよびパソコン通信を利用した情報提供サービス，通信販売業務等を目的とする原告（ユーザー）が，コンピュータシステム，ソフトウェアの企画，開発等を目的とする被告（外部ITベンダー）に制作を発注して同社から納品を受けたシステムにSQLインジェクションを可能にする脆弱性が存在したのは，その制作を担当した被告の被用者の故意過失によるものであるから，使用者であ

る被告には使用者責任があるとして，被告に対し，損害賠償を求めた事案である。

　原告は，システムに脆弱性がある旨の指摘を受け，緊急の概括的調査とシステムの修正を依頼せざるを得なかったとして，調査費用に加え，システムの修正費用を損害として主張した。また，システムがSQLインジェクションを原因として不正にアクセスされ，サーバ内に格納されているスクリプトが書き換えられている可能性があり，サーバを移転する必要があるとして，サーバ移転費用を損害として主張した。さらに，システムを詳細に調査し，脆弱性が発見された場合には抜本的な修正を行う必要があるとして，詳細な調査および修正に係る費用を損害として主張した。

　裁判所は，システムのSQLインジェクション対策としては原告の依頼した会社による調査と対策が相当な措置であったというべきであるとして，調査費用に加えシステムの脆弱性への対策を実施したことで発生した費用を相当因果関係のある損害と認めた。

　また，サーバ移転費用については，システムがSQLインジェクションを可能にする脆弱性を有したまま4年以上インターネット上に公開されており，不正アクセスを受けてサーバ上のコンテンツのファイルが改ざんされた可能性を否定できず，個人情報が漏えいする危険性が残存する状態にあると認定した上で，これらの危険性を除去するためにシステムのサーバ管理会社から推奨されたサーバ上の全ファイルの削除および再構築を実施することまたはこれに代替する措置を講ずることが必要であり，サーバ移転は代替措置として適切であるとして，相当因果関係のある損害と認めた。

　一方，詳細な調査，抜本的な修正費用については，システムの制作代金を大幅に上回る高額なものであるばかりか，サーバー移転との併用により，原告の依頼により実施した調査，対策が相当なものであったことに照らせば，より詳細なセキュリティ診断やシステムの抜本的修正を行う必要があるとはいえないから，相当因果関係のある損害とは認められないと判示した。

【裁判例2】前橋地判令5・2・17Westlaw2023WLJPCA02176003

　本件は，市教育委員会のサーバーが不正アクセスされ，児童や生徒らの個人情報が流出したおそれがあるとして，原告（市）が被告（システム管理を委託した業者）に対して，約1億7000万円の損害賠償を求めた事案である。

　裁判所は，被告がセキュリティ機器の設定が不適切なまま原告にシステムを引き渡したことを「単純かつ明白なミス」であるとして被告側に重大な過失があっ

たと判断した。そのうえで，不正アクセスを受けたネットワークシステムをインターネットから完全に切断したことから，その後2カ月間，インターネットを利用できるリースのノートPCを各学校へ1台ずつ配備して連絡手段を確保する等したことに関する費用について，不正アクセスを受けての対応としてネットワークシステムをインターネットから切断しサービスを停止することは必要なものであったとして，この対応により市内の各学校等を結ぶ情報通信ネットワークが一時的に遮断されるため，各学校への最低限の連絡手段の確保として事業継続を行うにあたって，ノートPCのリース等は必要かつ相当なものであったと認定し，被告の債務不履行と相当因果関係のある通常損害に当たると認めるのが相当と判示した。

(2)　再発防止費用

(1)に記載した【裁判例2】の事案では，原告はシステム再構築において，セキュリティ面に関し外部専門家による技術支援を受けるための委託費用やセキュリティ対策を強化したシステムの再構築費用を被告に対して請求しているが，裁判所はセキュリティの支援業務の委託費用すべておよびシステムの再構築費用のうち，機能の追加や増強に関係する部分の費用については相当因果関係のある損害と認めなかった。

また，業務委託をした会社から個人情報が漏れた事案において，委託元の会社が事故を起こした委託先の会社に対し，他の業務委託先においても漏えいの原因となったファイル交換ソフトのインストールをしたことがあるか否かを調査した際にかかった費用や当該ソフトの使用を禁止する文書を他の業務委託先に送付した際に要した費用が損害として賠償請求された裁判例が存在する。裁判所は，同様の事故の再発を防ぐための対応という点で広い意味での再発防止策に当たるものといえるが，委託先の債務不履行と相当因果関係のある損害には当たらないと判断している（→【裁判例3】）。

【裁判例2】前橋地判令5・2・17Westlaw2023WLJPCA02176003

（事案の概要については，(1)参照）

　原告は，不正アクセスの発生により，システムの再構築を余儀なくされ，その際の安全性確保のためのシステム設計等のセキュリティ面に関し，外部専門家による技術支援を受ける必要があったとして，情報セキュリティ支援業務委託料を損害として主張した。また，不正アクセスによりシステムの再構築を余儀なくされ，再構築をするにあたっては，その時点で文部科学省が定めるセキュリティ水準に合致するように行う必要があったとして，機能の追加や増強も含めたシステムの再構築費用を損害として主張した。

　裁判所は，被告がセキュリティ機器の設定が不適切なまま原告にシステムを引き渡したことを「単純かつ明白なミス」であるとして被告側に重大な過失があったと判断した上で，情報セキュリティ支援業務委託料については，システムを不正アクセス前の状態に戻すために必要なものとはいえず，債務不履行と相当因果関係のある損害と認めることはできないと判示した。また，システムの再構築費用については，不正アクセス以前の状態に再構築すること自体は，その内容に照らし，被告の債務不履行と相当因果関係のある通常損害であることは明らかというべきであるが，他方で，システムの機能の追加または増強に関係する部分は，被告の債務不履行と相当因果関係のある損害であると認めることはできないと判示し，システムの再構築費用の一部のみを相当因果関係のある損害として認定した。

　なお，システムの機能追加や増強は不正アクセスによりシステムを再構築する必要が生じたために必要となったものである等の原告の主張に対して，裁判所は，システムの機能追加や増強が不正アクセスを契機として行われたものであるとしても，不正アクセスの有無にかかわらず適時に必要となるものであって，不正アクセスがなければその時期に必要がなかったという関係にはないと判示した。

【裁判例3】東京地判平21・12・25Westlaw2009WLJPCA12258015

　原告が被告に対してホームページ等のデザイン業務を委託し，被告が当該委託業務を行うにあたり個人情報保護義務等を負う契約を締結したところ，被告のパソコンがウイルスに感染して，委託業務によって取得した個人情報等を外部に流出させたため，原告は損害を被ったとして，被告に対し，債務不履行に基づき，損害に係る賠償を求めた事案である。

　原告は，情報流出を受けて，同様の事故の再発を防ぐことを目的として，協力会社に対し，委託業務で使用するパソコンに「Winny」,「Share」等のP2Pファイ

ル交換ソフトをインストールしないように改めて指導するとともに，委託業務で使用するパソコンにつきP2Pファイル交換ソフトをインストールしていないかの調査を依頼した費用を損害として主張した。

　裁判所は，P2Pファイル交換ソフトのインストールの禁止を伝え，同ソフトの使用の有無を調査するための費用について，原告は情報流出を契機として，協力会社に対して文書等を送付しているものの，原告は業務として個人情報を扱っているのだから，協力会社に対しては，常に個人情報の取り扱いに注意するように求める必要があり，その際には，情報流出の危険性があるP2Pファイル交換ソフトをインストールすることを禁止したり，同ソフトを委託業務で使用するパソコンにインストールしていないか確認させる必要があるというべきであること，実際に，原告は，情報流出が生じる前の平成18年に，同様の文書および調査票を送付していることから，原告が，文書等を送付したのは，情報流出の有無にかかわらず，本来の業務として行うべきことを行ったにすぎないとみるのが相当であり，原告が当然に費用を負担すべき事柄であるとして，情報流出によって当該費用相当額の損害を被ったとは認められないと判示した。

3　サイバーインシデント事案における検討

(1)　被害拡大防止費用

【裁判例1】の事案では，サイバーインシデントが具体的に発生していたわけではなく，IPAから，中国の脆弱性ポータルサイトにおいて原告のウェブサイトの脆弱性情報が登録されている旨の指摘を受けたことを契機に緊急で調査および対策を実施した際の費用を「システムのSQLインジェクション対策としては原告の依頼したＰ社による調査と対策が相当な措置であったというべきであるから」として，相当因果関係のある損害として認定している。また，当該脆弱性があったことにより「システムが不正アクセスを受け，サーバー上のコンテンツのファイルが改ざんされた可能性を否定し得ず，個人情報が漏えいする危険性がなお残存する状態にある」ことから，「システムのサーバー管理会社から推奨された，サーバー上の全ファイルの削除及び再構築を実施すること又はこれに代替する措置を講ずることが必要であり」，「原告の主張するサーバーの移転は上記の代替措置として適切なもの」であると述べ，相当因果関係

のある損害として認定している。

【裁判例1】のように，個人情報等の漏えいのおそれのある脆弱性が判明した際に当該脆弱性に対して緊急で対策をすることは被害の発生や拡大を防ぐために妥当な対応である。まして，サイバーインシデントが実際に発生したケースでは，被害拡大防止のための対応をとるべき必要性は【裁判例1】の事案よりも高いと考えられる。

実際，システムへの不正アクセスがなされた事案である【裁判例2】においては，不正アクセスの対応として，システムのネットワークをインターネットから切断しサービスを停止することは必要なものであるとした上で，事業継続を行うにあたり，最低限の連絡手段の確保のためにノートパソコンのリース等をしたことによる費用を相当因果関係のある損害として認定している。本事案では，システムのネットワークをインターネットから切断しサービスを停止するという被害拡大を防ぐための対応そのものについての損害が請求されていたわけではない。しかしながら，被害拡大防止のための対応をとることで事業継続の点からさらに必要となった費用を相当因果関係のある損害として認定していることからすれば，サイバーインシデント発生後にとった，ネットワークの切断，サービスの停止，脆弱性への対応等の被害拡大防止のための対策が，サイバーインシデントの具体的な事情と照らし合わせて相当な措置といえるようであれば，被害拡大防止のための対策により発生した費用は相当因果関係のある損害に含まれるものと思われる。

なお，個情法ガイドライン（通則編）3-5-2においても，個人データの漏えい等の事案が発生した場合には，個人情報取扱事業者として「漏えい等事案による被害が発覚時よりも拡大しないよう必要な措置」を講じなければならないとされている。

(2) 再発防止費用

サイバーインシデント発生後において，原因調査を実施し，判明した原因等を踏まえて再発防止策を施すことは上述のとおり必須の対応といえるが，再発防止費用が相当因果関係のある損害に当たると認定した裁判例は確認されていない。一方で，再発防止費用といえる費用について，相当因果関係のある損害

とは認定しなかった裁判例として【裁判例１】【裁判例２】【裁判例３】が存在する。

　【裁判例１】の事案では，システムの抜本的な修正に関する費用を，「サーバー移転との併用を前提とすれば，原告の依頼によりP社の実施した調査，対策が上記のとおり相当なものであったことに照らせば，これに加えて，より詳細なセキュリティ診断や本件システムの抜本的修正を行う必要があるとはいえないから」として相当因果関係を否定しており，対策の必要性が具体的な事実関係から認められなかったものと考えられる。

　【裁判例２】の事案では，システムの再構築に関する情報セキュリティ支援業務委託料を，「支援業務の内容は，……システムの内容や管理体制の再検討などの……不正アクセスの再発防止を主眼とするものであり」，システムの「機能の追加又は増強に係るものと認めるのが相当であり」，システムを「不正アクセス前の状態に戻すために必要なものとはいえないから」として相当因果関係を否定している。システムの再構築費用についても，機能の追加や増強に関係する部分については同様の理由で相当因果関係を否定している。

　【裁判例３】の事案では，「原告は業務として個人情報を扱っているのだから，協力会社に対しては，常に個人情報の取り扱いに注意するように求める必要があり，その際には，情報流出の危険性があるP2Pファイル交換ソフトをインストールすることを禁止したり，同ソフトを委託業務で使用するパソコンにインストールしていないか確認させる必要があるというべきである」，「そうであるとすると，原告が，上記文書等を送付したのは，本件情報流出の有無にかかわらず，本来の業務として行うべきことを行ったにすぎないとみるのが相当であって，原告が当然に費用を負担すべき事柄であることになる」として相当因果関係を否定している。

　以上の裁判例からすると，サイバーインシデント発生前の状態に戻すこと（復旧）を超えるセキュリティ強化対応（被害を受けたシステム等についてサイバーインシデント発生以前よりもセキュリティ機能を増強する，EDR，UTM等の新規のセキュリティ製品を導入する等）や，個人情報等を取り扱う事業者として事故が発生したか否かにかかわらず当然すべきであった対応（個人情報を取り扱うサーバ等へのアンチウイルスソフトの導入，ネットワーク上

へのファイアウォールの設置等）に関する費用については，相当因果関係のあ
る損害として認められる事案は限られるものと思われる。純粋に再発防止費用
といえる費用（被害拡大防止のための緊急対策の意味合いを含まない再発防止
費用）が相当因果関係のある損害として認定された裁判例は見当たらず，相当
因果関係のある損害として認定されうる再発防止費用があるかどうかは今後の
裁判例が注視されるところである。

第 4 章

インシデント別の
対応マニュアル

第<i>1</i>　ランサムウェア

1　事案の特徴

(1)　ランサムウェア攻撃とは

　ランサムウェアとは，ランサム（身代金）とソフトウェアから成る造語で，ランサムウェアに感染すると，端末内のデータが暗号化されて利用できなくなり，復号（復旧）の対価として身代金（ランサム）が要求される（図4－1参照）。

図4－1　ランサムウェアに感染した端末の画面[1]

1　IPA「事業継続を脅かす新たなランサムウェア攻撃について」（2020年8月20日）4頁
　https://www.ipa.go.jp/archive/files/000084974.pdf

　昨今では，データの暗号化に加えて，データを窃取した上で，そのデータを公開しないことの対価として身代金の要求を行うケースもある。

　データの復旧および窃取したデータの非公開と引換えに身代金が要求される点で「二重の脅迫」とも呼ばれている[2]。

(2)　ランサムウェア攻撃の位置づけ

　サイバー攻撃の中でもランサムウェア攻撃は，サイバーリスクのゲームチェンジャーといえる。

　リスクマネジメントにおけるリスクの評価方法の1つとして，リスクの深刻度と発生確率とを乗じて評価する方法がある。

　昨今のサイバーリスクは，その深刻度および発生確率の双方の観点から大きく変容していることから，企業として看過できない重大かつ緊急性の高いリスクになりつつある。

　深刻度の点でみると，従来のサイバーリスクといえば，2014年に発生した大手通信教育事業者からの個人データの漏えい事件[3]や2015年に発生した日本年金機構からの個人情報流出事件に代表されるような個人情報の流出事案であったといえる。こうした個人情報の漏えい事案は，漏えいした個人情報の主体から精神的損害に係る損害賠償請求がなされたり，個人情報の管理体制についてレピュテーションが下がったりといったリスクはあるものの，事業継続を脅かすほどの深刻度ではなかったといえよう[4]。

　ところが，昨今のサイバーリスクは事業継続の中断を引き起こすほどのリスクにその深刻度が変容している。すなわち，サイバー攻撃の中でもランサムウェア攻撃においては，電子ファイルの暗号化を引き起こすため当該電子ファイルが利用できなくなる。その結果，電子ファイルに依拠する事業は中断に追い込まれることとなる。実際に，2021年10月に徳島県つるぎ町の町立半田病院

2　前掲1）1頁
3　同事案は内部者によるデータの持ち出し事案であるため，厳密にはサイバーリスクの事案といえるか議論があるところではあるが，悪意ある者による電子データへの侵害事案という意味で本稿ではサイバーリスクの事案として便宜上整理した。
4　東京高判令2・3・25では，賠償額として1人当たり3300円が認定されている。

で起きたランサムウェア攻撃事案の報告書において[5]，「サイバー攻撃を受け，具体的にはランサムウェアに感染し，電子カルテ等，病院内のデータが暗号化され，利用不能になり，その後2か月間に及んで，治療行為を含む正常な病院業務が滞った」と記載されている。まさにサイバーリスクにより，医療サービスという事業の継続が追い込まれた例といえよう。

　さらに留意が必要なのは，ランサムウェアが暗号化の対象とする電子ファイルはWordファイル，Excelファイル，PDFファイルといったいわゆるドキュメントファイルに限られないという点である。我々が企業活動の中で日常的に利用するシステム，ソフトウェア，アプリケーションも電子ファイルで構成されている。これらの電子ファイルまでもがランサムウェア攻撃による暗号化被害の対象となるのである[6]。

　たとえば，工場制御システムを構成する電子ファイルが暗号化されると当該システムが停止するため，製造・販売業務の中断が余儀なくされる。送金システムを構成する電子ファイルが暗号化されると金融サービスが中断に追い込まれることになりかねないのである。

　図4-2の警察庁の公表資料[7]によると，ランサムウェア被害を受けた企業の11％がすべての業務，82％の企業が一部の業務の停止を余儀なくされていることがわかる。また同資料（図4-3）によると復旧までに1週間以上を要した企業が実に52％にも上ることがわかる。

5　2022年6月7日「徳島県つるぎ町立半田病院 コンピュータウイルス感染事案 有識者会議調査報告書」https://www.handa-hospital.jp/topics/2022/0616/report_01.pdf

6　米国パロアルト社 "New eCh0raix Ransomware Variant Targets QNAP and Synology Network-Attached Storage Devices"（2021年8月10日）によると，あるランサムウェアの解析の結果，42の拡張子が暗号化の対象であったことが発表されている（https://unit42.paloaltonetworks.com/ech0raix-ransomware-soho/）。

7　警察庁「令和4年におけるサイバー空間をめぐる脅威の情勢等について」（2023年3月16日）25頁
　　https://www.npa.go.jp/publications/statistics/cybersecurity/data/R04_cyber_jousei.pdf

図4－2　ランサムウェア被害が業務に与えた影響

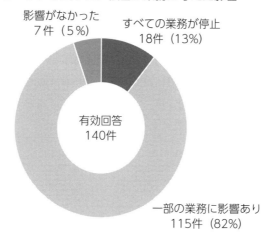

影響がなかった
7件（5%）

すべての業務が停止
18件（13%）

有効回答
140件

一部の業務に影響あり
115件（82%）

図4－3　復旧に要した時間

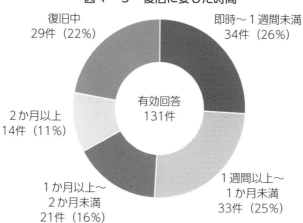

復旧中
29件（22%）

即時〜1週間未満
34件（26%）

2か月以上
14件（11%）

有効回答
131件

1か月以上〜
2か月未満
21件（16%）

1週間以上〜
1か月未満
33件（25%）

　次にサイバーリスクの発生確率の点についてみると，サイバーリスクは
Threat Actorという攻撃者が引き起こす人為的なリスクである以上，自然災
害などのリスクと比べて発生確率が高いといえる。特にRaaS（Ransomware
as a Service）に代表されるサイバー攻撃スキームのパッケージ化により金銭
目的の攻撃者が増加している状況下においては，なおのことといえる。しかも，

サイバー事案の特殊性として，攻撃者が捜査当局に捕まることはまれであることを踏まえると，サイバーリスクの発生確率は増加の一途をたどることが容易に予想される。

　実際のランサムウェア被害の件数について，警察庁の公表資料（図4－4）によると令和2年下半期では21件であったのが，同期をベースに比較すると令和3年上半期は61件で約3倍，令和3年下半期は85件で約4倍，令和4年上半期は114件で約5倍に増えていることがわかる。

図4－4　企業・団体等におけるランサムウェア被害の報告件数の推移[8]

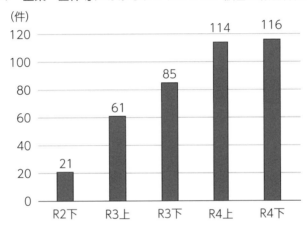

　また，IPAが公表する「情報セキュリティ10大脅威」組織編において，2021年，2022年，2023年の3年連続1位となっている（図4－5参照）。

図4−5　情報セキュリティ10大脅威2023[9]

順位	組織	前年順位
1位	ランサムウェアによる被害	1位
2位	サプライチェーンの弱点を悪用した攻撃	3位
3位	標的型攻撃による機密情報の窃取	2位
4位	内部不正による情報漏えい	5位
5位	テレワーク等のニューノーマルな働き方を狙った攻撃	4位
6位	修正プログラムの公開前を狙う攻撃（ゼロデイ攻撃)	7位
7位	ビジネスメール詐欺による金銭被害	8位
8位	脆弱性対策の公開に伴う悪用増加	6位
9位	不注意による情報漏えい等の被害	10位
10位	犯罪のビジネス化（アンダーグラウンドサービス)	圏外

　以上のとおり，サイバーリスクは，自然災害と同様に事業継続を脅かすほどにその深刻度は増しており，また，人為的な事象であることに加えて攻撃者側には金銭目的というサイバー攻撃を実施する強い動機がある以上，その発生確率は自然災害よりもはるかに高いといえる。

　上述の深刻度と発生確率とを乗じてリスクの度合いを測定するリスクマネジメントの観点からは，ランサムウェア攻撃はコーポレートリスクの中でも対応の優先度が極めて高いリスクといえる。

　こうしたサイバーリスクの高まりを受け，世界の金融機関のChief Risk Officerを対象とした近時の調査によると，信用リスクや地政学リスクを押さえてサイバーセキュリティに関するリスクが2023年の最大のリスクとなっている[10]。

　また，東証プライム上場企業のうち，93％の企業が有価証券報告書においてサイバーリスクを記載するようになったというデータ[11]も，企業においてサイ

9　IPA「情報セキュリティ10大脅威 2023」
　　https://www.ipa.go.jp/security/10threats/10threats2023.html
10　Jan Bellens "How bank CROs are responding to volatility and shifting risk profiles"
　　（2023年1月10日）
　　https://www.ey.com/en_gl/banking-capital-markets/how-bank-cros-are-responding-to-volatility-and-shifting-risk-profiles

バーセキュリティの重要性が高まっていることの証左といえる。

⑶　ランサムウェア攻撃の特徴

①　経営層の関与が必要となる

　ランサムウェア攻撃の大きな特徴として，被害企業において経営層が関与を余儀なくされるという点がある。

　すなわち，一般的なサイバー攻撃，たとえばメール添付ファイルを開封したことでパソコン内に保存されたデータが漏えいしたような事案においては，情報システム部門や法務部門をもって対応が可能であり，１つひとつの事案に経営層が関与することはまれといえる。

　他方で，ランサムウェア攻撃においては，被害対応に加えて，もう１つの大きなタスクが発生する。それは身代金を支払うか否かの意思決定である。すなわち，被害の深刻さ，復旧までの期間，ステークホルダーへの影響，身代金を支払うことのリスクといった諸般の事情を考慮した上で，身代金の支払に係る意思決定を下す必要に迫られる。最終的に身代金を支払うという場合はもちろんのこと支払わないという場合であっても，これらに関する意思決定は経営層しかなしえない。

　そのため，ランサムウェア攻撃は経営層を不可避的に巻き込むサイバー攻撃ということができる。

②　侵入経路の特徴

　ランサムウェア攻撃の侵入経路は，攻撃者集団の属性や被害企業のネットワーク構成によって様々であるが，本書発行日時点での特徴的な攻撃傾向の１つとしてVPN経由を挙げることができる。

　警察庁公表の資料（**図４−６**）によると，令和４年上半期に報告のあったランサムウェア被害のうち，有効回答件数の62％がVPN機器からの侵入による

11　日本経済新聞「サイバーリスク開示，東証プライム上場企業の93％に」（2022年12月８日）
　　https://www.nikkei.com/article/DGXZQOUC02ANM0S2A201C2000000/

との回答であった点から，6割を越えるランサムウェア攻撃がVPN経由であることがわかる。同図からわかるとおりVPN経由以外からの攻撃は存在するし，今後この傾向は変化する可能性はあるものの，サイバー攻撃の傾向を踏まえた効果的な対策を実施するという観点からは，現時点ではこのVPN経由の攻撃を把握しておくことは重要である。

図4－6　ランサムウェア攻撃の侵入経路[12]

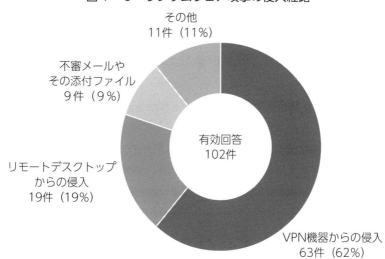

その他
11件（11%）

不審メールや
その添付ファイル
9件（9%）

リモートデスクトップ
からの侵入
19件（19%）

有効回答
102件

VPN機器からの侵入
63件（62%）

注　図中の割合は小数点第1位以下を四捨五入しているため，総計が必ずしも100にならない。

　ここで，VPNとは，Virtual Private Networkの頭文字をとった略語で，仮想プライベートネットワークとも訳される。特定のユーザーのみが利用できる仮想ネットワークを構築し，通信内容を暗号化することで，通信のセキュリティと匿名性を高める技術の1つである。
　通信の匿名性を高めるというセキュリティ上の特徴から，コロナ禍においてリモートワーク用にこのVPNを導入した企業は多いと思われる。
　ところが，このVPNに脆弱性が存在し，その脆弱性が悪用された結果，

12　警察庁・前掲注7）5頁

VPNがランサムウェア攻撃の侵入経路となっている。たとえば，2022年10月に発生した大阪急性期・総合医療センターの事案では，その調査報告書[13]において「VPN機器には，CVE-2018-13379（CVSS v3：9.8，緊急）という脆弱性が存在し，管理者のID，パスワードを保存したファイルを窃取できた」および「同脆弱性を悪用して収集された，世界中の脆弱なVPN機器のグローバルIPアドレス，ID，パスワードが公開されていた。E社のVPN機器のグローバルIPアドレス，ID，パスワードが，同リストに掲載されていた。このことから，公開されたリストにあるID，パスワードを使用して侵入されたと考えるのが合理的である」と記載されている。整理すると，①脆弱性を突く攻撃がVPN機器になされて，同機器内に保存された認証情報（IDおよびパスワード）が窃取され，②窃取されたVPN機器の認証情報が悪用されてネットワーク内部に侵入される，という流れである。

　本来セキュリティのために導入されたVPNが，ランサムウェア攻撃の侵入経路となっているともいえる。

　このVPNがランサムウェア攻撃に悪用されていることの他の実例として，2021年10月末頃に徳島県つるぎ町立半田病院で発生したランサムウェア攻撃による被害では，有識者会議調査報告書において「侵入経路としては導入している仮想プライベートネットワーク（Virtual Private Network…）装置の脆弱性を悪用して侵入したものと思われる」と指摘されている[14]。

　また，2021年7月に株式会社ニップンのグループ企業で発生したランサムウェア被害の事案でも，内部統制報告書において「本件インシデントの直接的な原因は，VPNの脆弱性をつかれて攻撃者に侵入され，ADサーバーの脆弱性に乗じて暗号化された」と報告されている（**図4－7**参照）[15]。

13　地方独立行政法人大阪府立病院機構　大阪急性期・総合医療センター　情報セキュリティインシデント調査委員会「調査報告書」（2023年3月28日）
　https://www.gh.opho.jp/pdf/report_v01.pdf
14　前掲注5参照。
15　株式会社ニップン「内部統制報告書（2022年6月29日）」
　https://www.nippn.co.jp/ir/announcement/financial_report/pdf/198_4Q_2021.pdf

図4－7　インシデントとネットワークの範囲

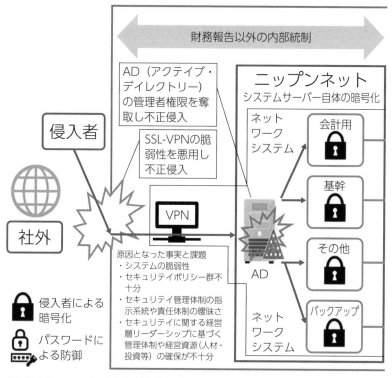

（出典）株式会社ニップン内部統制報告書（2022年6月29日）抜粋

③　被害の特徴

　VPN経由でのランサムウェア攻撃は，まずVPN経由で企業のネットワーク内部に侵入する。侵入後はネットワーク内を探索の上，ネットワーク内の各サーバやパソコンを暗号化する。二重の脅迫型であれば，暗号化の前にファイル共有サーバから電子ファイルを外部に送信してデータを窃取する。

　図4－6にある「不審メールやその添付ファイル」によるランサムウェア攻撃の場合，暗号化被害およびデータ漏えい被害の範囲は，当該メールを開封したパソコン端末に限られ，仮にその端末を起点として横展開されたとしても被害の範囲は限定的といえる。これに対して，VPN経由による攻撃の場合，ネッ

トワーク内部のすべてのサーバおよびパソコンが暗号化被害の対象となりえて，しかもファイル共有サーバからデータが窃取されるので，情報漏えいの範囲も大規模なものとなるという特徴がある。

　たとえば，ネットワーク内部のメールサーバが暗号化されるとメールができなくなるし，ECサイトのアプリケーションサーバが暗号化されるとECサイトの停止を余儀なくされる。また，ファイル共有サーバに個人データが保存されていた場合には個情法上の対応が必要となり，委託先から受領した機密データが保存されていた場合には契約責任の問題に発展する。

2　法律問題

(1)　支払を禁ずる法律

①　OFAC

　米国財務省外国資産管理室（The U.S. Department of the Treasury's Office of Foreign Assets Control，以下「OFAC」という）は，外国資産管理規則（Foreign Assets Control Regulations）に基づいて情報の提供，処罰の決定，違反者への制裁等を管轄する官庁であり，同規則に基づいて制定される各種規制がOFAC規制と呼ばれている。

　このOFAC規制は，SDNリスト（Special Designated Nationals and Blocked Persons List）を公表し，SDNリストに記載された個人，組織，国家との経済的取引を禁じている。

　OFAC規制は厳格責任であり，故意，過失などの主観の態様には左右されないことに加え，いわゆる域外適用がなされる。

　2020年10月1日，OFACは，「ランサムウェアの支払を助長することに関する潜在的制裁リスクについての勧告」（Advisory on Potential Sanctions Risks for Facilitating Ransomware Payments）を発表し，身代金の支払についてOFAC規制が発動されうるとの解釈を示した[16]。また，この勧告は2021年9月

16　OFAC, "Advisory on Potential Sanctions Risks for Facilitating Ransomware Payments," Oct 1, 2020

21日付で改訂された[17]。

　日本企業の米国子会社がランサムウェア攻撃を受ける場合は当然のこととして，米国子会社を有しない日本企業であっても，域外適用によりOFAC規制による制裁を課されないように，身代金の支払にあたっては注意が必要となる。

②　外為法

　外国為替および外国貿易法（以下「外為法」という）は，資産凍結等の措置の対象となる個人・団体（2023年6月9日時点で517個人・団体）を指定し，当該個人・団体向け支払と，当該個人・団体との間の資本取引を許可制とする（支払に係る規制につき外為法16条1項および外国為替令6条1項，資本取引に係る規制につき外為法21条1項および外国為替令11条1項）。

　2022年12月2日付外務省告示[18]により，当該個人・団体に，所在地を「北朝鮮平壌特別市普通江区域」とする「ラザルス・グループ」が追加された。

　そのため，ランサムウェア攻撃に対して，今後ラザルス・グループに身代金を支払う場合は上記の「支払」または「資本取引」となりうる。

　その結果，財務大臣の許可を得ることなく身代金を支払った場合は，「三年以下の懲役若しくは百万円以下の罰金に処し，又はこれを併科」（外為法70条1項3号および同項7号）となる点に注意が必要である。

③　テロ資金提供処罰法

　犯罪集団への資金提供等を禁ずる法律として，「公衆等脅迫目的の犯罪行為等のための資金等の提供等の処罰に関する法律」があり，同法3条1項は「公衆等脅迫目的の犯罪行為等の実行を容易にする目的」での犯罪行為者への資金提供等を禁じている。

　この点，暗号化されたデータの復元や窃取されたデータの公開防止を目的として身代金を支払った場合は，同法が禁じる「公衆等脅迫目的」が存在せず，同項に該当しないと考えられる。

17　OFAC, "Updated Advisory on Potential Sanctions Risks for Facilitating Ransomware Payments" Sep 21, 2021

18　https://www.mofa.go.jp/mofaj/files/100429313.pdf

　ただし，今後の法改正により身代金の支払が同法によって禁止されないか注視が必要である。

(2)　会社法上の論点

　サイバー攻撃を受けて会社に損害が発生した場合，上述（**第2章第2・1**）のとおり取締役として内部統制システム構築義務違反が問われうるが，ランサムウェア攻撃においては別の義務違反，すなわち身代金の支払に係る意思決定の適法性も重ねて問題となりうる。

　ランサムウェア攻撃の事案を時系列で整理すると，まずランサムウェア攻撃を受けてデータの暗号化および／またはデータ漏えい被害が発生した時点で，サイバー攻撃を防ぐための適切なサイバーセキュリティ体制が構築されていたか否かに係る義務の違反が問題となる。これは上記（**第2章第2・1**）で論じたものである。

　続いて，ランサムウェア攻撃に係る身代金の支払に係る意思決定の時点で，適切な意思決定をする義務の違反の有無が別途問題となりうる。

　株主代表訴訟を想定すると，上記の2つの義務違反が問題となりうる。換言すれば，取締役としては，それぞれの義務について別個独立して注意を払う必要が生ずる。

　そして，この身代金の支払に関する意思決定にあたっては，支払うことのリスクと支払わないことのリスクとを総合考慮した上での高度な経営上の判断が必要となる。そのため，身代金の支払に係る意思決定の検討にあたっては，サイバーセキュリティ体制構築に係る意思決定と同様に経営判断原則の枠組みにより審査されるべきである[19]。その上で，判断の過程，内容に著しく不合理な点がないかが検討されることとなる。

　なお，違法な攻撃者集団に身代金を支払わないという毅然とした意思決定が問題視されることは想定しづらいことから，義務違反が現実的に問われるのは身代金を支払うという方向での意思決定をした場合と思われる[20]。その際に参

---

[19]　松尾剛行「ランサム攻撃に関する個人情報保護法，会社法，及び民法に基づく法的検討」（情報ネットワーク・ローレビュー21巻（2022））79頁～88頁は，身代金の支払に係る意思決定について，経営判断原則の適用に触れつつ精緻な議論を展開する。

考となるのは，反社会的勢力の者に「大阪からヒットマンが2人来ている」などと脅迫された取締役らが，反社会的勢力への巨額の金員の支払を同意したことについて，「警察に届け出るなどの適切な対応をすることが期待できないような状況にあったということはできない」として，取締役の過失を認定した裁判例（蛇の目ミシン事件）[21]である。同判例は，警察への届出といった適法行為の期待可能性を考慮するところ，少なくともランサムウェア攻撃による暗号化被害については後述3(2)のとおり他の適法手段による復旧の期待可能性が存在する。これらの他の復旧手段を検討することなく，拙速に身代金を支払うという意思決定を下す場合，当該意思決定が許容される場面は限られるものとも思われる。

(3)　個情法

　サイバー攻撃を受けて個人データ（高度な暗号化などが施されているものを除く（個情法施行規則7条1号カッコ書））の「漏えい等」が発生し，または，その発生したおそれ[22]がある場合であって，その「漏えい等」が一定の類型[23]に該当するときには，その「漏えい等」は報告の対象となる。この類型の中には，「不正の目的をもって行われたおそれがある」ものが含まれる（同施行規則7条3号）。

20　暗号化被害を例にとると，身代金を支払った場合は，その結果として復旧できる場合と復旧できない場合とにさらに分かれる。後者の場合はサイバー攻撃を受けて企業に被害が発生したことに加えて攻撃者集団に金員を提供してまで被害拡大の阻止に失敗したという点で，前者よりも一層株主等から義務違反を問われる可能性が高まると思料する。また，前者の場合であっても，違法な攻撃者集団に対して会社財産から金員を出捐したことに伴う損害は残るし，身代金を支払うことにより攻撃者集団に身代金を支払う企業と認知されて近い将来再びランサムウェア攻撃を受けるリスクが高まる可能性は否定できないため，結果として復旧できたからといって，その一事をもって判断内容の不合理性が否定されることはないと思われる。

21　最判平18・4・10民集60巻4号1273頁

22　ランサムウェア攻撃を含むサイバー攻撃を受けた場合の「おそれ」の判断方法については，個情法ガイドライン（通則編）3-5-3-1（※3）および個情法QA6-14を参照されたい。

23　①要配慮個人情報が含まれる個人データの漏えい等，②不正に利用されることにより財産的被害が生じるおそれがある個人データの漏えい等，③不正の目的をもって行われたおそれがある個人データの漏えい等，または，④個人データに係る本人の数が千人を超える漏えい等（個情法施行規則7条）。

　したがって，ランサムウェア攻撃によって個人データが窃取されたおそれがある場合には，個情法上，個人情報保護委員会への報告義務および個人への通知義務が生じる。

　ランサムウェア攻撃固有の事情として注意が必要なのは，暗号化の点である。個情法上報告義務が課される「漏えい等」とは，「漏えい，減失若しくは毀損」をいう（個情法施行規則7条1号）。そして，「毀損」とは，個人データの内容が意図しない形で変更されることや，内容を保ちつつも利用不能な状態となることをいう（個情法ガイドライン（通則編）3-5-1以下）。

　そのため，ランサムウェア攻撃によって個人データが暗号化され復元できなくなった場合には，個人データの「毀損」に該当することになる。その結果，仮にデータ窃取を伴わない場合であっても，個情法の報告義務が課される点に注意が必要である。

　また，この暗号化に関連して，実務上注意が必要なのが本人通知の方法である。すなわち，ランサムウェア攻撃により個人データも暗号化される結果，当該データが閲覧できなくなり，本人通知を実施しようとしても通知先が判明しないという事態が生ずる。

　ここで通知方法を確認すると，本人への通知は，報告対象事態を知った後速やかに，報告対象事項のうち，概要，漏えいした個人データの項目，原因，二次的被害のおそれ等について通知する必要がある（個情法施行規則10条）。ただし，本人への通知が困難な場合であって，本人の権利利益を保護するため必要なこれに代わるべき措置をとるときは，通知の義務はない（個情法26条2項ただし書）。

　そこで，個人データが暗号化されて通知先が不明な場合は，「本人への通知が困難な場合」に該当し，「本人の権利利益を保護するため必要なこれに代わるべき措置」としてWebサイトに被害の内容を掲載することで対応することとなる。

(4)　組織犯罪収益処罰法

　①犯罪収益等の取得につき事実を仮装し，②犯罪収益等の処分につき事実を仮装し，③犯罪収益等を隠匿し，または④犯罪収益等の発生の原因につき事実を仮装する行為を行った場合，犯罪収益等隠匿罪が成立し，10年以下の懲役も

しくは500万円以下の罰金に処されまたはこれを併科されうる（組織的な犯罪の処罰及び犯罪収益の規制等に関する法律（以下「組織犯罪収益処罰法」という）10条1項）。

この点，ランサムウェア攻撃による身代金の要求は，恐喝罪（刑法249条）に当たりうる行為であり，これによって得た財産は「犯罪収益等」に該当しうる（組織犯罪収益処罰法2条2項，同条4項）。

そして，犯罪収益等の発生の原因につき事実を仮装する行為（上記④）は，犯罪収益等を提供する側の仮装行為を独立に処罰することを可能にするために設けられた行為類型である。そのため，企業が身代金を支払った場合，当該支払について，架空債務を仕立ててその返済金を装う等，身代金の支払ではないように装う行為をした場合には，犯罪収益等の発生の原因につき事実を仮装する行為（上記④）に該当し，犯罪収益等隠匿罪が成立する余地があると考えられる。

3 実務対応上の留意点

以下では，ランサムウェア攻撃固有の実務対応上の留意点を記載する。一般的なインシデントレスポンスにおける留意点は**第1章**を参照されたい。

(1) 侵入経路の特定および対処

ランサムウェア攻撃に限られないが，筆者らの実務経験上，サイバー攻撃への初動対応時の留意点として，攻撃手法の「アタリ」をつけるというのが重要である。「アタリ」がつけば，その後の対応方針が絞られ，対応方針の優先順位も明確になるのでインシデントレスポンスが円滑となる。逆に「アタリ」がつかないと，何が起こったかが判然とせず，何から手をつけてよいかもわからないため，対応が後手に回り，被害の拡大につながりかねない。

上記1(3)「ランサムウェア攻撃の特徴」のとおり，昨今のランサムウェア攻撃のおよそ6割はVPN経由である。そして，VPN経由とは，事前に窃取されたIDおよびパスワードをVPNのログイン画面に入力することによりネットワーク内に不正アクセスがなされるものと推測される。

　そうであれば，初動対応の1つとして，このVPN経由の攻撃の可能性を疑い，不正アクセスを遮断するためにVPNのパスワードを変更するか，多要素認証を適用することで，攻撃者の侵入経路を塞ぐことが極めて有用といえる[24]。

⑵　暗号化されたデータの復旧の試み

　二重の脅迫型のランサムウェア攻撃の場合，ファイル共有サーバ内の電子ファイルが窃取されるとともに，ネットワーク内のサーバの電子ファイルが暗号化される。窃取された電子ファイルを取り返すことは困難であるが，暗号化された電子ファイルについては復旧の可能性が残る。

　1つは，バックアップからの復旧である。バックアップも暗号化されることがあるが，暗号化を免れたバックアップがあれば，バックアップのデータを活用することで早期復旧の可能性が拡がる。仮に自社でバックアップを取得していなかった場合でも委託先の外部ITベンダーが過去の作業の際に一部分だけバックアップを取っていることもある。

　2つ目として，オランダ警察，ユーロポール（欧州刑事警察機構）および民間のセキュリティ企業が主導するプロジェクトである「No More Ransom」というウェブサイト[25]上に暗号化から復旧するための復号化のツール鍵が公開されていることがある。

　3つ目として，警察への被害相談である。警察庁が特定のランサムウェアについて暗号化解除に成功した事例も確認されている[26]。

　なお，復旧手段の検討にあたっての実務上の留意点として，復旧可能であることを掲げるセキュリティ企業によっては，その復旧の方法や成否に疑義がありトラブルに発展する可能性もあることから依頼を検討する際には細心の注意が必要であることを付言する。

24　攻撃者によりネットワーク内にバックドアを置かれることがあるので，VPNからの不正アクセスを塞ぐだけでは十分とはいえないが，初動対応としては有用かつ必要な対応である。

25　https://www.nomoreransom.org/ja/index.html

26　https://www.nikkei.com/article/DGXZQOUE062930W2A201C2000000/

⑶　リークサイトの確認

　攻撃者は，被害端末に犯行声明文であるいわゆるランサムノートを残すことがあり，同ノート内にデータを窃取したことを摘示することがある。

　初動対応時点において実務上悩ましいのは，ランサムノートにおいて攻撃者がデータ窃取の事実を摘示しているが，本当にデータが窃取されたのかそれともそれは嘘なのか，仮に窃取されたとしてもどの範囲のデータが窃取されたのかが判然としない点である。暗号化の点については，利用できなくなったデータ範囲が割と明確であるのに対して，データ窃取の点については被害の有無と範囲の把握に時間がかかる。

　仮に窃取されたデータの中に，取引先との機密保持契約により報告義務が課されたデータが含まれていた場合には契約上の報告義務が発生し，個人データが含まれていた場合には個情法上の報告義務が発生するにもかかわらず，被害の実態が判然としないために，迅速かつ適切な対応が困難という事態に陥る。

　そこで有用なのが，リークサイトを確認することである。リークサイトとは，攻撃者集団が主にダークウェブ上に設けたサイトであり，当該サイト上に被害

図4−8　リークサイトの一例

企業名，窃取したデータの一部が掲載される（図4－8参照）。当該サイトに
窃取されたデータの一部が掲載されている場合には，データが窃取されたこと
を前提にその後の対応方針を決めることとなる。

　昨今では，取引先やメディアがリークサイトを確認していることが増えてき
ている。リークサイトを確認せずに不用意に「データ漏えいは確認されていな
い」という情報発信を行うと，虚偽や隠蔽という誹りを受けることになりかね
ないため，リークサイトを確認することの重要性は増している。

(4)　平時からの対応

　ランサムウェア攻撃は，サイバーリスクの中でも最も深刻なリスクであるこ
とを踏まえると，リスクマネジメントの観点からも，また，サイバーセキュリ
ティ体制の構築が内部統制システム構築義務の一環として含まれうることから
も，平時からランサムウェア攻撃に備えた体制整備を進める必要性は高いとい
える。

　ランサムウェア攻撃を受けないための技術的な予防対策はもちろんであるが，
ランサムウェア攻撃を受けた場合に身代金を支払うケースの洗い出しも検討に
値する。

　すなわち，実際に支払うか否かは別として，身代金の支払を検討せざるをえ
ないケースと支払わないケースを平時から議論の上で整理しておくことは有用
である。

　なぜならば，インシデントレスポンスの一般的な特徴として，被害の封じ込
め，調査，復旧といった技術的な対応，個情法に基づく報告・通知および機密
保持義務契約に基づく取引先への通知といった法的対応ならびに適時開示・自
主公表といった広報対応等，緊急状況下におけるタスクは複雑多岐にわたる。
また，ランサムウェア攻撃固有の特徴として攻撃者が身代金の支払期限を設け
る。この限られた期限内に，複雑多岐にわたるタスクをこなしながら，被害の
深刻さ，復旧までの期間，ステークホルダーへの影響，身代金を支払うことの
リスクといった諸般の事情を考慮の上で身代金に関する適切な意思決定を下す
ことは容易ではない。

　繰り返しになるが，この緊急状況下において適切な意思決定を下すためには，

身代金の支払を検討せざるをえないケースと支払わないケースを平時から社内で議論の上で整理しておくことが有用となる。

その際の視点として最も重要なのは，保護利益の観点から支払を検討せざるをえない場合をホワイトリスト形式で洗い出し，洗い出したケース以外は一切支払わないという整理を行うという方法である。

たとえば，暗号化被害の点では，医療機関であればランサムウェア攻撃により医療機器が停止して人命が関わる場合は支払うがそれ以外は一切支払わない，電力会社のような社会インフラ企業であれば3日間以上完全に電力供給が停止せざるをえないことが見込まれる場合であれば支払うがそれ以外では一切支払わない，といった整理である。

また，情報漏えい被害でいえば，たとえば多額の費用を投じて開発した自社のワクチンの技術情報が窃取された場合には身代金を支払うがそれ以外は一切支払わない，病院が保有する患者の個人データのうち病歴情報などの要配慮個人情報が窃取された場合には身代金を支払うが，単なる氏名・住所といった個人データの場合はそれがたとえ100万件窃取されたとしても一切支払わない，といった整理である。

社内での議論の結果，身代金を支払うケースというのは一切存在しないという結論に至ることが多いと思われるが，筆者らの実務経験上，平時から社内でこうした議論を行うことで，有事の際の意思決定が円滑になるとともに，自社のコアとなる有形・無形の資産が改めて明確となるという副次的効果も期待できる。

第2 Emotet

1 事案の特徴

(1) Emotetの概要

　Emotetとは，メールを感染経路とし，感染したパソコン内に保存された情報を窃取した上で当該情報を用いて別の対象者へのさらなる感染拡大を試みることを特徴としたウイルスである。Emotetはトロイの木馬型の攻撃として海外で広く感染が確認されていたウイルスであるが，2019年頃から日本での被害が急増している。

　Emotetの代表的な被害として，メールソフト内に保存されたアドレス一覧やメール本文，添付ファイルが窃取される。そして，窃取したこれらの情報を踏まえて，感染者になりすまして，感染者の取引先に攻撃メールが再び送付される。

　メールの受信者の視点からいえば，受信者が過去にメールのやりとりをしたことのある取引先になりすまし，ときには実際にやりとりをしたメールへの返信の形式で攻撃メールが送付される。これにより，メールの受信者は攻撃メールだと気づかず攻撃メールに添付されたEmotetに感染させるファイルを開くことになる。この特徴が感染被害を増加させる要因となっている。

　Emotetの攻撃メールの本文は，かつては，英語で書かれていたり，不自然な日本語で書かれていたりするなど，違和感を覚えやすいものであった。しかしながら，最近では日本語の文章としても自然となり，加えて，より受信者が添付ファイルを開きやすい心理状態になるような文章内容へと変化している。

　以下のメール（図４－９）は，IPAにより公開された攻撃メールの一例である。

図4－9　攻撃メールの例[27]

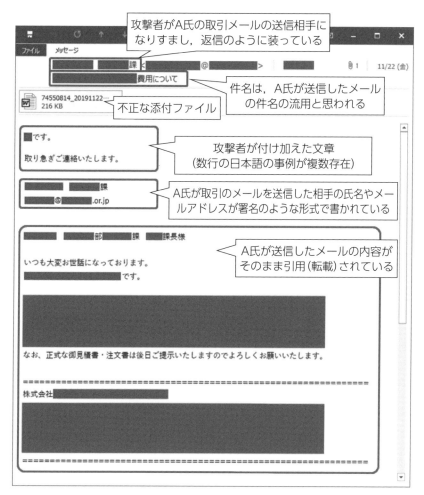

Emotetに感染させる方法として，当初はメールにマクロ付きのExcelやWordファイルを添付して受信者に開かせる，メール本文中にリンクを貼り付

27　IPA「Emotet（エモテット）攻撃の手口」（2023年6月29日）
https://www.ipa.go.jp/security/emotet/attack.html

けて当該リンクをクリックさせるといったものが多かった。ところが，不審な
Wordファイル等が添付された攻撃メールがウイルス対策ソフト等のセキュリ
ティ製品により防がれるようになると，セキュリティ製品で検知困難なパス
ワード付きZipファイルを添付して送付する等，セキュリティ製品による検知
を回避する方法も用いられるようになった[28]。

　このように，Emotetの攻撃は被害が確認され始めた当初から次第に巧妙化
しており，今後も攻撃手法を変化させていく可能性が高いと考えられる。

⑵　Emotetの攻撃の経緯

　Emotetの攻撃メールが受信者に送られるまでの経緯の典型パターンは以下
のとおりである。

図4-10　Emotet事案の典型パターン

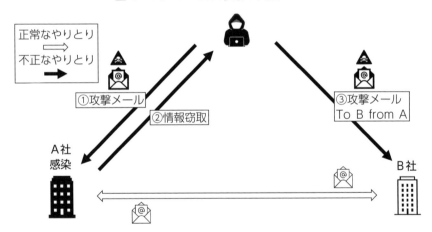

・攻撃メールにおいてなりすまされた当事者をA社，A社とメールのやりとりを
　したことのある会社をB社とする。
・まず，攻撃者によりA社に対してEmotetに感染させるための攻撃メールが送

28　JPCERT/CC「マルウェアEmotetの感染再拡大に関する注意喚起」(2023年3月20日更新)
　　https://www.jpcert.or.jp/at/2022/at220006.html

付される（**図4－10の①**）。

・A社の従業員等が攻撃メールに添付されたファイルを開く等して当該従業員が使用するパソコンがEmotetに感染すると，A社がそれまでやりとりをしていたメールの本文やアドレス帳に保存されたメールアドレスが攻撃者に窃取される（**図4－10の②**）。

・攻撃者は，A社から窃取したメールの本文やメールアドレスを用いて，A社になりすました攻撃メールをB社に対して送付する（**図4－10の③**）。

　図4－10で示した典型パターンからすると，攻撃メールにおいてなりすまされた当事者（**図4－10**でいえばA社）は，Emotetに感染をしているということとなる。

　しかしながら，2022年以降は，以下のような経緯で攻撃メールが送られるケースが確認されるようになった（以下「進化パターン」という）。

図4－11　Emotet事案の進化パターン

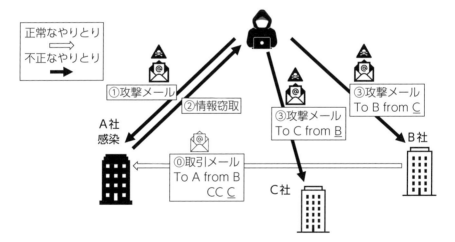

・A社とB社が過去にメールのやりとりをしたことがあり，当該メールのCCにC社が含まれていたものとする（**図4－11の⓪**）。

・まず，攻撃者によりA社に対してEmotetに感染させるための攻撃メールが送

付される（図4−11の①）。
・A社の従業員等が攻撃メールに添付されたファイルを開く等して当該従業員が
　使用するパソコンがEmotetに感染すると，A社がそれまでやりとりをしてい
　たメールの本文やアドレス帳に保存されたメールアドレスが攻撃者に窃取され
　る（図4−11の②）。
・攻撃者は，A社から窃取したメールの本文やメールアドレスを用い，B社にな
　りすました攻撃メールをC社に送付する，または，C社になりすました攻撃
　メールをB社に送付する（図4−11の③）。

　図4−11の③では，攻撃メールでなりすまされた当事者（図4−11でいえ
ばB社やC社）はEmotetに感染しておらず，Emotetに感染したA社から窃取
されたメール情報を用いてなりすまされたにすぎないということとなる。
　そのため，典型パターンではB社に対してA社になりすました攻撃メールが
届いた場合，A社はすでにEmotetに感染したであろう推定が働く。その結果，
A社として被害端末についてフォレンジック調査をすることで被害を確認でき
た。
　他方で，進化パターンではB社に対してC社になりすました攻撃メールが届
いたとしても，C社は感染しているとは限らない。典型パターンの思考をもっ
てC社をいくらフォレンジック調査しても感染の痕跡が見つからないため混乱
をきたすこととなる。
　実務上は，B社から「貴社をなりすましたメールが届いた」という連絡が届
いた場合，Emotetに感染した可能性があるため後記3記載の初動対応をすべ
きではあるものの，自社が典型パターンのA社の立場にあるのかまたは進化パ
ターンのC社の立場にあるのかがわからないため，2つのパターンがあること
を念頭に調査を進めることが肝要である。

(3)　Emotetによる被害

　Emotetに感染をすると，メール本文やメールアドレス，件名，添付ファイ
ルといったメール情報が窃取され，これらの情報を利用して被害企業になりす
まし，その取引先等に対してさらなる感染拡大のための攻撃メールが送られる。

　また，メールに関する情報が窃取されるのみならず，ウェブブラウザに保存されている認証情報（図4−12）やクレジットカード情報が窃取される被害も確認されている（図4−13）。

図4−12　ウェブブラウザ「Chrome」に保存されている認証情報の例

図4−13　Emotetがウェブブラウザに保存された
クレジットカード情報を窃取することの注意喚起[29]

2022年6月9日
警察庁

■ **新機能の確認（2022年6月9日）**

　ウェブブラウザ「Google Chrome」に保存されたクレジットカード番号や名義人氏名、カード有効期限を盗み、外部に送信する機能が追加されたことを確認しました。Google Chromeでは個人情報を暗号化して安全に保存していますが、Emotetの新機能は暗号データを元に戻すための鍵も同時に盗み出すため、Emotetに感染すると、お使いのクレジットカード情報が第三者に知られるおそれがあります。

29　警察庁「Emotetの解析結果について」（2022年6月9日）
　https://www.npa.go.jp/bureau/cyber/koho/detect/20201211.html

ウェブブラウザには多種多様な認証情報が保存されている。たとえばネットバンクの認証情報が窃取され，それが悪用された場合には不正送金の被害が生じる。また，OneDriveやGoogle Drive等のクラウドサーバに関する認証情報が窃取された場合には，ファイル共有サーバに不正アクセスがなされ機密情報が窃取されかねない。

また，クレジットカード情報が窃取された場合には，当該カード情報がECサイトで不正に悪用されて金銭的被害が生ずることとなる。

そのほかにもメールアカウントのパスワードが窃取されることにより，当該アカウントに不正アクセスがなされ，攻撃者に攻撃メールの送信元として利用されて大量の攻撃メールが送信されるといった被害も確認されている。

2　法律問題

(1)　個情法

サイバー攻撃を受けて個人データ（高度な暗号化等が施されているものを除く（個情法施行規則7条1号カッコ書））の「漏えい等」が発生し，または，その発生したおそれがある場合であって，その「漏えい等」が一定の類型に該当するときには，その「漏えい等」は報告の対象となる。この類型の中には，「不正の目的をもって行われたおそれがある」ものが含まれる（同規則7条3号）。

したがって，個情法上，Emotet感染により個人データが窃取されたおそれがある場合には，個人情報保護委員会への報告義務および個人への通知義務が生じる。

Emotetは上述のとおり，アドレス帳に保存されたメールアドレスやメールの添付ファイルといった情報を窃取することが確認されている。この点，電子メールソフトに保管されているアドレス帳のうち，メールアドレスと氏名を組み合わせた情報を入力しているものについては，「個人情報データベース等」（個情法16条1項）に該当するものとされている（個情法ガイドライン（通則編）2-4，個情法QAのQ1-39）。それゆえ，アドレス帳が「個人情報データベース等」に該当する場合は，Emotetへの感染によりアドレス帳のデータを窃取

され，「個人データ」（同法16条3項）の「漏えい等」が生じたとして，個人情報保護委員会への報告および個人への通知をする必要のある事案になりうる。

　そのため，Emotetへの感染やそのおそれがある場合は，窃取された可能性のあるメールのアドレス帳のデータや添付ファイル等の中に，個人データに該当するものがあるかを確認し，個情法上の対応をする義務があるかを検討する必要がある。

⑵　取引先からの賠償請求

　感染元企業（図4−10でいうA社）の端末がEmotetに感染し，取引先（図4−10でいうB社）とのメールのやりとりや添付ファイルが窃取されてB社に攻撃メールが送られた結果，B社においてもEmotetに感染をした場合，B社からA社に損害賠償請求がなされることが想定される。B社において発生する具体的な損害としては，B社がEmotet感染の有無や被害範囲を調査するために負担したフォレンジック費用，個情法上の対応等に関して法律事務所に相談をした費用，B社の社員が残業対応等したことにより発生する人件費といったものが考えられる。

　この場合，EmotetについてはIPAやJPCERT/CC，警察庁等が情報を公開しており，頻繁に注意喚起がなされていることからすれば，A社においてEmotet感染を予見し回避可能であったとして過失があると認定される可能性は十分にあり，B社に対して損害賠償責任を負うことが考えられる（民法715条，709条）。ただし，A社において攻撃メールの添付ファイル等を開封してEmotetに感染したことについて過失が認められるのと同様に，B社においても攻撃メールに騙されてEmotetに感染してしまった点を過失と捉え，過失相殺により損害賠償の範囲が制限される余地がある（民法722条2項）。

⑶　先行して感染した取引先への賠償請求

　なお，感染元企業の立場からすると，別の取引先が先行してEmotetに感染した結果，当該感染元企業に攻撃メールが送られた可能性がある。そのため，感染元企業としては，自社の感染原因を調査することで，先行して感染した取引先に対して賠償請求をする余地があることに留意が必要である。

　図4－14でいうと，感染元企業であるＸ社がEmotetに感染して取引先企業であるＹ社へ攻撃メールが送られ，Ｙ社でもEmotetに感染しているが，実はＸ社よりも前に別の取引先であるＺ社がEmotetに感染しており，その結果としてＸ社がEmotetによる攻撃を受けていた可能性が想定される。

　したがって，Ｘ社はその感染経路を調査することにより，Ｚ社を装うメールが原因でEmotetに感染したことが明らかになった場合には，当該取引先企業（Ｚ社）に対して，Emotet感染の被害者として，自らが被った損害（Ｘ社のEmotet感染に関して負担したフォレンジック費用や人件費等，Ｘ社がＹ社から損害賠償請求を受けて支払った損害）の賠償請求を行う余地がある。なお，この場合においても(2)で述べたとおり，過失相殺により損害賠償の範囲が制限される可能性がある（民法722条２項）。

図4－14　Emotet事案の当事者関係図

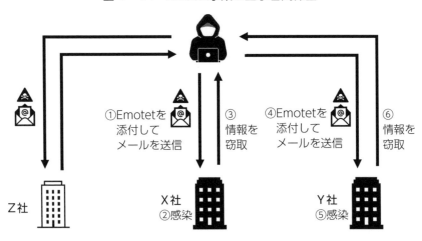

3　実務対応上の留意点

　以下では，Emotet固有の実務対応上の留意点を記載する。一般的なインシデントレスポンスにおける留意点は**第１章**を参照されたい。

(1)　初動の対応

　Emotetへの感染のおそれが判明するきっかけとして一番多いケースは，取引先より，「貴社から不審なメールが届いている」または「貴社のなりすましと思われるメールが送られている」との連絡が入るというものである。上記1(2)で述べた攻撃メールが送られる経緯の典型パターンからすれば，まずは，なりすまされた当事者の端末がEmotetに感染している可能性が考えられる。しかしながら，進化パターンのように他の当事者から窃取されたメール情報の中になりすまされた当事者の情報が含まれており，当該情報が利用されただけというケースもあるため，なりすまされた当事者の端末がEmotetに感染しているということは，なりすましメールが送られてきた等の連絡が入ったのみでは判断ができない。

　Emotetの感染の有無のためにフォレンジック調査を実施するということも考えられるが，調査費用も安くはないため，気軽に調査を実施するというのも難しい場合が多いと思われる。そこで，Emotet感染が疑われる状況となった場合に，フォレンジック調査を依頼するかどうかを判断する材料となりうる確認事項のうち，容易に実施可能なものを以下で紹介する[30]。

①　EmoCheckの実施

　端末がEmotetに感染しているかどうかを簡易に確認するツールとして，JPCERT/CCより「EmoCheck」というツールが公開されている[31]。そのため，Emotet感染が疑われる状況となった場合は，会社等で用いている端末すべてで「EmoCheck」による感染確認を実施することを第一に考えるべきである（図4−15参照）。

　ただし，「EmoCheck」をウェブサイトからダウンロードして使用する場合，一度インターネットにアクセスする必要がある。被害封じ込めのためにイン

30　紹介した3点以外にもWindows自動起動設定，メールサーバログやネットワークトラフィックログの確認といった方法がJPCERT/CCより紹介されている。
31　https://github.com/JPCERTCC/EmoCheck/releases
　なお，「EmoCheck」はEmotet自体の変化にあわせて随時アップデートされているため，最新版を利用されたい。

図4-15 EmoCheckを実行した画面

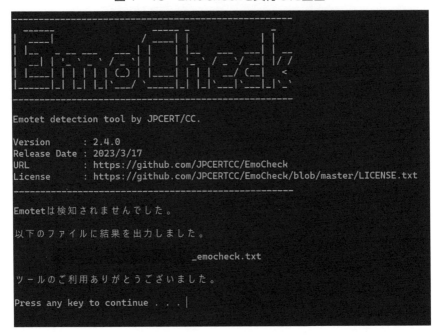

ターネットから遮断していた端末を「EmoCheck」を利用するためにインターネットにアクセスした結果，Emotetによりデータが外部に送信されるリスクがある。そこで，感染のない端末で「EmoCheck」をダウンロードの上，USBメモリ等を経由して感染が疑われる端末で「EmoCheck」を実行する必要がある点に注意が必要である。

また，「EmoCheck」で検出されなかったとしても，感染が確認された事例はあるので，あくまで感染の有無を確認する一要素として捉えるべきといえる。

② ウイルス対策ソフトによるフルスキャンの実施

各端末において導入しているウイルス対策ソフトによるフルスキャンを実施することも有益である。このスキャンにより，EmotetそのものやEmotet感染につながるウイルスが検知されることもある。

OSがWindowsの場合，Microsoft Defender（旧Windows Defender）がデ

フォルトで搭載されており，このフルスキャンやオフラインスキャンも有用で
ある（図4－16参照）。

図4－16　Microsoft Defender（旧Windows Defender）

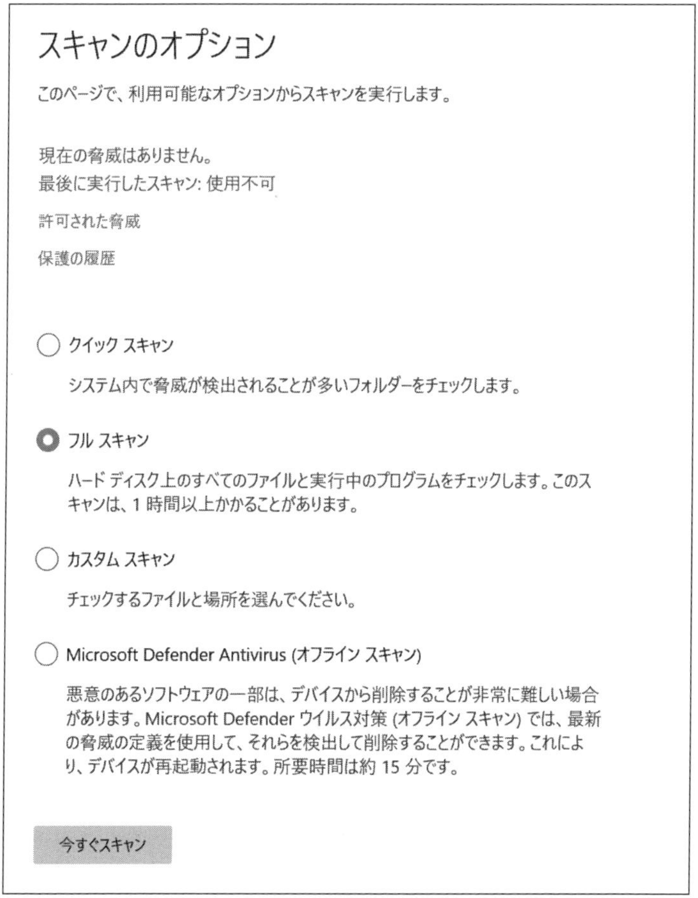

スキャンのオプション

このページで、利用可能なオプションからスキャンを実行します。

現在の脅威はありません。
最後に実行したスキャン: 使用不可

許可された脅威

保護の履歴

○ クイック スキャン

　システム内で脅威が検出されることが多いフォルダーをチェックします。

● フル スキャン

　ハード ディスク上のすべてのファイルと実行中のプログラムをチェックします。このス
　キャンは、1 時間以上かかることがあります。

○ カスタム スキャン

　チェックするファイルと場所を選んでください。

○ Microsoft Defender Antivirus (オフライン スキャン)

　悪意のあるソフトウェアの一部は、デバイスから削除することが非常に難しい場合
　があります。Microsoft Defender ウイルス対策 (オフライン スキャン) では、最新
　の脅威の定義を使用して、それらを検出して削除することができます。これによ
　り、デバイスが再起動されます。所要時間は約 15 分です。

今すぐスキャン

③　ヒアリングおよびメールの確認の実施

　攻撃メールが送られる経緯の典型パターンに記載したとおり，攻撃メールに
おいてなりすまされた当事者の端末がEmotetに感染している可能性が考えら

れる。そのため，当該端末を使用していた社員等に，最近不審なメールが届いていなかったか，添付ファイルを開いたか，マクロを有効にしたかといった点のヒアリングを実施することが考えられる。また，受信メールを目視で確認し，不審なメールが実際に届いていたかどうかを確認することが考えられる。なお，なりすまされた当事者の端末以外の端末も同じタイミングでEmotetに感染している可能性があるため，ヒアリングおよび受信メールの確認は全端末（全アカウント）において実施するのが望ましい。

(2)　被害の拡大防止

　Emotetに感染した場合，メール情報を盗まれて取引先へ攻撃メールが送付されるが，攻撃メールの送信元は主に攻撃者が用意したサーバであるため，攻撃メールの送信自体を防止することは困難である。

　もっとも，感染元企業になりすました攻撃メールは，当該企業が過去にメールをやりとりした取引先に送信されることから，さらなる被害発生を防ぐために取引先に対して早期に不審なメールへの注意喚起を行うことも有益である。自社のホームページにおいて，なりすましメールが送られている事象を確認していること，ウイルス感染のおそれがあるため添付ファイルの開封等はしないこと等の注意喚起を掲載することも一案である。

　また，Emotetに感染した場合，メールアカウントとパスワード，ウェブブラウザに保存されている認証情報やクレジットカード情報といった情報も窃取される可能性があることはすでに述べたとおりである。そのため，何らの対処をせずにいると，感染した端末が使用していたメールアカウントに不正にアクセスされてEmotetの攻撃メールを送る送信元として悪用される，ウェブ上のサービスに不正にアクセスされる，クレジットカードを不正に利用されるといった二次被害が発生しかねない。二次被害の発生を防ぐためにはEmotetの駆除のみならず，メールアカウントやパスワードの変更，ウェブ上で利用していたサービスに関する認証情報の変更，クレジットカードの利用停止といった対応をとる必要がある。

第*3*　ECサイトからのクレカ情報漏えい

1　事案の特徴

(1)　クレカ情報漏えい事案の概要とその増加の背景

　近年，ECサイトにおいて商品を購入する際に，決済画面で入力したクレジットカード情報（以下本項で「クレカ情報」という）が攻撃者により盗み出され，不正に利用される事案が頻発している。

　その背景には，国内におけるECサイトの急速な普及がある。すなわち，2020年の新型コロナウイルス感染症拡大の対策として，外出自粛の呼びかけおよびECサイトの利用が推奨された結果，各社はその対応を迫られ，EC事業の開始を検討する企業が増加した。そのような企業の中には手数料を考慮して，大手ECモールに出店するのではなく，比較的容易にECサイトを作成できるソフトを利用し，自社ECサイトを開設する企業も増加した[32]。

　これによりECサイトが増加し，経済産業省の調査によると，2013年時点で約11兆円であったEC市場規模（国内BtoC－EC市場のみ）は，2021年時点で約20兆円に達している[33]。

　そして，ECサイトの増加に伴い，消費者によるクレカ情報の入力機会も増加した結果，ECサイトからのクレカ情報漏えい事案も増加している[34]。

---

[32]　たとえば，BASE株式会社が提供するネットショップ作成サービスにおける累計ショップ開設数は，2020年2月時点では90万店ほどであったが，2021年3月時点では140万店を超えている（総務省「令和3年版情報通信白書」（2021年7月）157頁　https://www.soumu.go.jp/johotsusintokei/whitepaper/ja/r03/pdf/index.html）。

[33]　経済産業省「令和3年度電子商取引に関する市場調査報告書」（2022年8月）7頁 https://www.meti.go.jp/press/2022/08/20220812005/20220812005-h.pdf

[34]　なお，ECサイトからのクレカ情報漏えい事案の増加は，クレジットカードのIC化によりカード自体の偽造が困難となったこともその一因と考えられる。

　日本クレジット協会の調査（**図4-17**参照）によると，2021年における国内発行クレジットカードの不正利用[35]による被害総額は約330億円，さらに2022年は過去最高の約436億円に達しており，2016年（142億円）と比較すると3倍以上になっている。

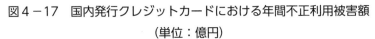

図4-17　国内発行クレジットカードにおける年間不正利用被害額
（単位：億円）

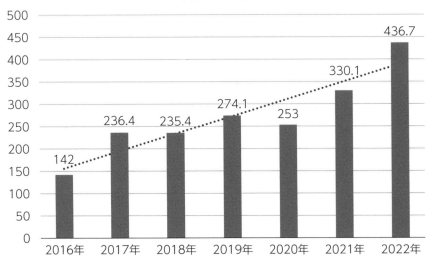

（出所）一般社団法人日本クレジット協会「クレジットカード不正利用被害の発生状況」（2023年9月）をもとに筆者作成

(2)　従来の攻撃傾向（SQLインジェクション攻撃）

①　SQLインジェクション攻撃の概要と特徴

　個人情報保護委員会は，2018年4月から2021年3月までに同委員会に個人

35　ECサイトからの漏えいだけでなく，クレジットマスター（規則性を悪用して機械的に生成した多量のカード番号等の有効性をECサイトを介して確認し，有効なクレカ情報を不正取得する手口），フィッシング（メールやSMS等を通じて，利用者からクレカ情報等をだまし取る手口）等により入手したクレカ情報の不正利用も含まれる。

データの漏えい等報告を提出したECサイト運営事業者を対象にアンケート調査を実施し，ECサイトへの不正アクセス被害に関して，その原因，再発防止策，損失について回答のあった71事業者の調査結果を取りまとめている[36]。

これによると，ECサイトへの不正アクセスの直接的な原因として，「SQLインジェクション脆弱性（31％），決済画面の改ざんを引き起こす脆弱性（37％）といった，ECサイト上の脆弱性を悪用する不正アクセスが多くを占めている。このほか，ヒューマンエラーによるECサイトの管理者画面へのアクセス制限不備が15％となっている」と報告されている。

このうち，SQLインジェクション脆弱性とは，利用者からの入力情報を基に組み立てられるデータベースへの命令文（SQL文）に対して適切な取扱いをしていないことに起因して，データベースを不正に操作される脆弱性であり，この脆弱性を利用した攻撃のことをSQLインジェクション攻撃と呼ぶ。この攻撃により，Webサイト運営者が意図していないデータベースの操作が可能となり，データベースに格納されたデータの漏えい，改ざん等の被害が発生することになる。

従来，各ECサイトのデータベースにはクレカ情報が保存されていたため，SQLインジェクション攻撃等のように，データベースから直接的にクレカ情報を盗み出す攻撃が可能であった。

②　クレカ情報の非保持化

2018年6月に施行された2016年改正割賦販売法35条の16は，加盟店（本稿においてはECサイト運営事業者が加盟店の位置づけになる）に対して，経済産業省令で定める基準に従い，クレカ情報の適切な管理のために必要な措置を講じなければならないという義務を課した。

上記の「必要な措置」の具体的内容については，クレジット取引セキュリティ対策協議会で策定された「クレジットカード・セキュリティガイドライン」を実務上の指針とすることとされており，同ガイドラインで掲げられている

36　個人情報保護委員会「ECサイトへの不正アクセスに関する実態調査」（2022年3月16日）1および3頁　https://www.ppc.go.jp/files/pdf/ecsite_report.pdf

「必要な措置」は，①加盟店におけるクレカ情報の非保持化または②クレカ情報
を保持する場合はPCI DSS（Payment Card Industry Data Security Standard）
への準拠となっている。

　もっとも，PCI DSSという世界基準への準拠は，時間やコスト等から考えて
現実的ではないため，多くの加盟店では，①のクレカ情報の非保持化，すなわ
ちカード保有者が決済画面において入力した情報をECサイト運営事業者の
サーバに保持しない対応を実施している。具体的には，非保持化を実現する方
法として，ECサイトから決済代行会社[37]の決済画面に画面遷移してカード情報
を入力する「リダイレクト型（リンク型）」（図4−18参照），または，ECサイ
トのカード情報入力画面にJavaScriptAPIを組み込み，カード情報がECサイト
のサーバを経由せず決済代行会社のサーバに直接送信される「JavaScript型
（トークン型）」（図4−19参照）のいずれかの決済システムを導入している。

図4−18　リダイレクト型（リンク型）

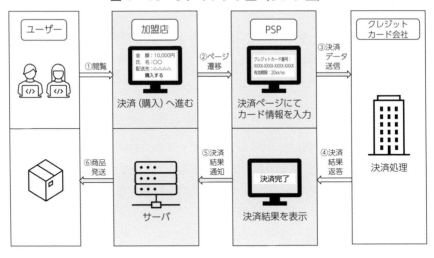

図4－19　JavaScript型（トークン型）

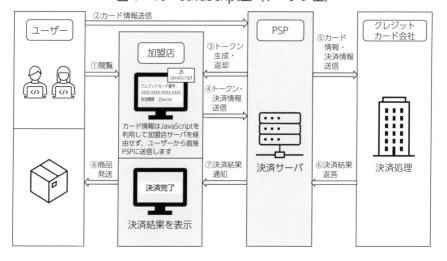

　非保持化によりクレカ情報がサーバ内に保存されていなければ，ECサイトがSQLインジェクション攻撃を受けてもクレカ情報は直接的には窃取されないため，改正割賦販売法が施行された2018年6月以降，SQLインジェクション攻撃によるクレカ情報の漏えいは減少した[38]。

⑶　近年の攻撃傾向（Webスキミング）

①　Webスキミングの概要と特徴

　それにもかかわらず，近年においてもECサイトからのクレカ情報漏えい事案の発生が後を絶たない状況である。

　これは，Webスキミングと呼ばれる攻撃の増加によるものと考えられる。Webスキミングは，ECサイトの決済画面（決済アプリケーション）を改ざんして不正なスクリプトを埋め込み，注文者がフォームに入力した決済情報を窃取する攻撃である。

　決済情報を窃取する方法としては，注文者が入力した決済情報がECサイト

38　https://www.tsuhanshimbun.com/products/article_detail.php?product_id=4746

内に保存されるよう改ざんし，そこへ攻撃者がアクセスして窃取する方法や，注文者が入力した決済情報がECサイト（正確には決済代行会社のサーバ）のみならず攻撃者にも送信されるよう改ざんし，注文者のブラウザから攻撃者に直接送信される方法があるが，いずれにしても，従来のSQLインジェクション攻撃等とは異なり，ECサイトのデータベースサーバ内からクレカ情報を盗み出すわけではないため，クレカ情報の非保持化だけでは同攻撃に対する対策とはならない。

　また，Webスキミングの特徴として，フォームに入力された情報が窃取されるため，クレジットカードのセキュリティコード[39]まで漏えいすることが挙げられる。

　さらに，Webスキミングは，フォームに入力された情報が窃取される点でフィッシングと同じであるが，Webスキミングの場合，特に「JavaScript型（トークン型）」の決済システムを導入するECサイトへの攻撃では，決済画面は正規のものであり，決済も正常に完了するため，ユーザーは情報が盗まれたことに気づくことができないという特徴がある。「リダイレクト型（リンク型）」の決済システムを導入するECサイトへの攻撃でも，攻撃者が用意する偽の決済画面は正規のそれと酷似しており，また偽の決済画面へ情報を入力させた後，「決済エラー」の画面を表示した上で，正規の決済画面へ改めて画面遷移させるという巧妙な手口が使われているため，ユーザーが気づくことは実際上困難である。

　このWebスキミングが近年におけるECサイトへの攻撃の主流となっている。

②　Webスキミングの起点（クロスサイト・スクリプティング攻撃）

　Webスキミングの起点となるECサイトの決済アプリケーションへの不正なスクリプトの挿入手法の1つとして，管理画面に対するクロスサイト・スクリプティング（以下「XSS」という）攻撃が挙げられる[40]。

　管理画面に対するXSS攻撃を起点としたWebスキミングの典型的な攻撃の流

39　クレジットカード業界のセキュリティ基準であるPCI DSS（Ver4.0）において，セキュリティコードを含むセンシティブ認証データは，カードの承認処理後は暗号化されていても保存してはならないと定められている。

れは，図4－20のとおりである。

図4－20　XSS攻撃を起点としたWebスキミングの一例

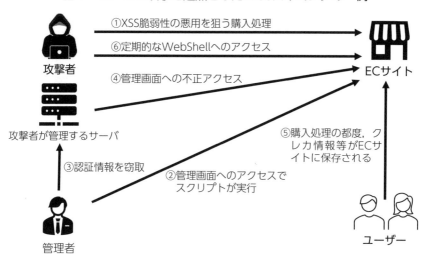

(1)　攻撃者はまず，標的とするECサイトの注文フォームに，不正なスクリプトを含んだ文字列を入力し，購入処理（注文）を行う（図4－20の①）。

(2)　当該ECサイトの管理画面にXSSの脆弱性が存在する場合，ECサイトの管理者が同サイトの管理画面において当該注文を確認すると，管理者のパソコン上で不正なスクリプトが実行され，管理者のパソコンに保存された認証情報（IDおよびパスワード）が攻撃者に送信される（図4－20の②および③）。

(3)　その後，攻撃者は，窃取した認証情報を利用してECサイトの管理画面から不正にログインを行う（またはWebShell[41]を利用してECサイトに不正アクセスする。図4－20の④）。

(4)　その上で，ECサイトの決済アプリケーションを改ざんして不正なJavaScriptコードを挿入する。

40　JPCERT/CC「ECサイトのクロスサイトスクリプティング脆弱性を悪用した攻撃」（2021年7月6日）（https://blogs.jpcert.or.jp/ja/2021/07/water_pamola.html）

41　任意のコマンドをWebサーバに対して実行しWebサーバ上でファイルをアップロード，削除，ダウンロード，システムコマンドなどを実行させるプログラムを指し，Webバックドアとも呼ばれる。

⑸　最後に，挿入した不正なJavaScriptコードにより，ユーザーが入力したクレカ情報をECサイト内に保存させ，定期的にWebShellにアクセスすることでこれらの情報を窃取する（直接攻撃者が管理するサーバ等に転送させる場合もある。図4－20の⑤および⑥）。

　前述の個人情報保護委員会による実態調査[42]においてECサイトへの不正アクセスの直接的な原因の37％を占めるとされた「決済画面の改ざんを引き起こす脆弱性」は，このECサイトのXSSの脆弱性を意味するものと考えられる。

　なお，上記の攻撃の流れを見てわかるとおり，決済アプリケーションの改ざん（Webスキミング）にあたっては，ECサイトの管理画面への不正アクセスの過程が含まれる。そこで，ECサイトの管理画面への不正アクセスにあたり，ECサイトのXSSの脆弱性を悪用した攻撃だけでなく，ECサイトの管理画面へのアクセス制限不備を突いたブルートフォース攻撃（総当たり攻撃）を起点としたケースも存在する。上記実態調査において原因の15％を占めるとされた「ECサイトの管理者画面へのアクセス制限不備」がこれに当たると考えられる。

⑷　被害の特徴

　クレカ情報漏えい事案の特徴として，原因調査および被害の補償を含む事故対応費用や，ECサイトの停止に伴う売上損失によって多大な経済的損失を被るおそれがあることが挙げられる。

①　事故対応費用

　クレカ情報漏えい事案においては，その原因調査として，原則としてPFIという特定の調査会社によるフォレンジック調査が必要となる（詳細は後記3⑵②参照）。その費用は，調査対象となるサーバ数等にもよるが，個人情報保護委員会が2021年に実施した実態調査[43]において，「100万円～500万円が多く，特に200～249万円が多い」とされている[44]。

42　個人情報保護委員会・前掲注36）3頁
43　個人情報保護委員会・前掲注36）12頁

　また，クレカ情報漏えい事案の場合，カード保有者は，クレジットカード会社（イシュアー）に対して不正利用の届出をすれば，そのてん補を受けられることになるため，一般的な個人情報の漏えいと比較して，クレジットカード会社（イシュアー）からの賠償請求という形で，ECサイト運営事業者が負担すべき被害（クレジットカードの再発行手数料，不正利用被害）が顕在化しやすく，かつ，その補償額は大きくなりやすい（詳細は**第2章第1の1**参照）。そして，クレジットカード会社からの請求は，クレカ情報の漏えい件数が増えれば増えるほど大きくなるという傾向がある。

　IPAがECサイト運営事業者19社を対象に実施した調査によると，これらの原因調査および被害の補償を含む事故対応費用の1社当たりの平均被害額は約2,400万円に上っており[45]，経営上の大きな負担となることがわかる。

②　売上損失

　クレカ情報漏えい事案が発生した場合，ECサイト運営事業者は，クレジットカード決済機能を停止しなければならないのはもちろんのこと，ECサイト全体を一時停止せざるをえない場合もある。

　前述の個人情報保護委員会による実態調査[46]でも，ECサイトへの不正アクセス被害を受けた事業者の約8割が，不正アクセスを受けていったんECサイトを停止したと回答している。

　また，ECサイトの停止期間については，「1週間から2年以上と幅があるが，半年以上1年未満の回答が最も多かった」とされ，ECサイトの停止に伴い「1,000万円以上の損失が発生したと回答した事業者が4割以上であり，数億円の損失が発生した事業者もみられた」と報告されている。

　同調査では，不正アクセスを受けたECサイト運営事業者の14%がECサイトの再開を断念したとも報告されており，クレカ情報漏えい事案がECサイト運

44　厳密には，アンケートに回答した事業者のうちクレカ情報の漏えいが発生した事業者は93%であるため，クレカ情報漏えいを伴わないECサイトへの不正アクセス事案の調査費用も含まれている可能性はある。

45　IPA「ECサイト構築・運用セキュリティガイドライン」（2023年3月）16頁（https://www.ipa.go.jp/security/guide/vuln/ps6vr7000000acvt-att/000109337.pdf）

46　個人情報保護委員会・前掲注36）7頁および11頁

営事業者にとって死活問題につながることが読み取れる。

2　法律問題

　クレカ情報漏えい事案においては，クレジットカード会社（イシュアー）からECサイト運営事業者への求償請求およびECサイト運営事業者から開発・保守ベンダーへの求償請求という2つの求償請求が問題となりうる。

(1)　クレジットカード会社からECサイト運営事業者への求償請求

①　クレジットカード取引に関わる関係事業者

　クレジットカード取引（ショッピング取引）においては，原則として，カード利用者，イシュアー，国際ブランド，アクワイアラー，加盟店の5者間（決済代行会社を含めると6者間）の取引となる（図4-21参照）。

　イシュアーとは，カード利用者とカード会員契約を締結し，クレジットカードを発行（issue。この点を捉えてイシュアーと呼ばれる）および提供するクレジットカード発行会社をいう。アクワイアラーとは，加盟店と加盟店契約を締結し，加盟店の開拓や審査，管理等を行う加盟店契約会社をいう。国際ブランドとは，VISA，MasterCard，JCB等，世界中で利用できる決済システムを提供するクレジットカードのブランドのことをいう。また，決済代行会社（PSP：Payment Service Provider）とは，アクワイアラーによる加盟店の審査や契約手続，売上入金管理等を代行する会社をいう。

　取引の流れとしては，カード利用者がクレジットカードを利用して商品等を購入し，加盟店が商品あるいはサービスをカード利用者に提供すると（①），イシュアーはその購入代金を，国際ブランドを通じてアクワイアラーに支払う（②）。アクワイアラーはその購入代金を，決済代行会社を介して加盟店に支払う（③）。ただし，イシュアーがアクワイアラーを兼ねている場合（オンアス取引）は，国際ブランドは介入せず，イシュアー（兼アクワイアラー）から直接加盟店に支払われる。そして，カード利用者はその購入代金をイシュアーへ

支払う（④）。

図4-21　クレジットカード取引に関わる関係事業者

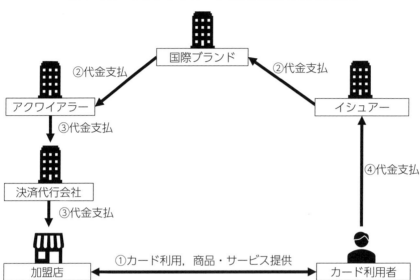

②　クレジットカード会社（イシュアー）からの請求

　不正利用分について，クレジットカード会社（イシュアー）がカード利用者（クレジットカードの保有者）に補償した場合，当該補償額について，クレカ情報の漏えいが生じたECサイトの運営事業者（図4-21でいうところの「加盟店」。以下本②において「ECサイト運営事業者（加盟店）」と表記する）がクレジットカード会社（イシュアー）から求償請求を受けることになる。以下ではその仕組みを説明する。

　クレジットカードの不正利用が発生した場合，クレジットカード会社（イシュアー）は，「当社は，会員が紛失・盗難により他人にカードまたはカード情報を不正利用された場合，会員規約に従い警察および当社への届出がなされたときは，これによって会員が被るカード等の不正利用による損害をてん補する」というような会員規約に基づき，カード保有者に対して不正利用分を補償

する[47]。

　フォレンジック調査の結果，問題となっているクレジットカードの不正利用が特定のECサイトからの漏えいによることが明らかになった場合には，当該ECサイト運営事業者（加盟店）は，すでにクレジットカード会社（イシュアー）がカード利用者に補償した不正利用分について，当該カード会社から求償請求を受けることになる。

　ECサイト運営事業者（加盟店）はクレジットカード会社（イシュアー）とは契約関係にないが，実務上の運用としては，クレカ情報漏えい事案発生の公表前にクレジットカード会社（イシュアー）とECサイト運営事業者（加盟店）との間で費用精算に関する合意書（法的には和解契約の一種と整理できる）を締結し，これに基づきクレジットカード会社（イシュアー）はECサイト運営事業者（加盟店）に直接求償請求をする。

　この求償請求には，①カード不正利用被害によりクレジットカード会社（イシュアー）に発生した損害に加え，②漏えい対象のカード保有者がカード差替えを希望した場合のカード再発行費用，③その他の実費（特設デスク費用，通信費用，印刷費用，人件費等）が含まれる。

　なお，実務上の留意点として，ECサイト運営事業者（加盟店）が後述のCPPに基づいてクレジットカード会社（イシュアー）から連絡を受けた場合，そのECサイトが漏えい元であることがほとんどであるが，フォレンジック調査の結果，まれにそのECサイトが漏えい元とは認定されないことがある。

　したがって，フォレンジック調査により被害原因を明らかにして証拠を保全しておくことは，求償請求を免れる点でも重要になる。

⑵　ECサイト運営事業者から開発・保守ベンダーへの求償問題

　ECサイトの運営にあたって，外部ITベンダーにECサイトの開発・保守を委

47　たとえば，三井住友カード会員規約（個人用）の14条1項は，「…当社は，会員が紛失・盗難により他人にカードもしくはカード情報またはチケット等を不正利用された場合であって，前条第2項に従い警察および当社への届出がなされたときは，これによって本会員が被るカードまたはチケット等の不正利用による損害をてん補します」と規定している（https://www.smbc-card.com/mem/kiyaku/responsive/pdf/smbc-card_kiyaku_kojin.pdf）。

託しているケースがあるが，その場合には，ECサイト運営事業者がいったん
負担した賠償額および調査費用について，当該外部ITベンダーに求償請求で
きる余地がある。

　この点，ECサイトからのクレカ情報漏えいに関し，ECサイト運営事業者と
当該ECサイトの構築・保守に関わった外部ITベンダーとの間の責任分担が問
題となった裁判例としては，いわゆるSQLインジェクション事件[48]が著名であ
る。本件は，原告（ECサイト運営事業者）の意向の結果，被告（外部ITベン
ダー）が作成したECサイト上で同サイトの利用者のクレカ情報を保持する設
定となっていたところ，SQLインジェクション対策が施されていなかったため
にSQLインジェクション攻撃を受け，クレカ情報漏えいが生じたことから，原
告が被告に対し損害賠償請求をした事案である。SQLインジェクション事件は，
クレカ情報漏えい事案において問題となりうる多くの法的論点を含み，その判
断内容からはECサイトの運営事業者およびその開発・保守に関わる外部ITベ
ンダーにおいて認識すべき事項および実践すべき対策といった教訓が得られる。
そこで，以下では，同事件から得られる３つの教訓について説明を加えること
とする。なお，SQLインジェクション事件は，相当因果関係が認められる損害
の範囲についても示唆に富む判断をしているが，この点については**第３章の損
害論**を参照されたい。

①　外部ITベンダーは一定のセキュリティ対策を施す義務を負うこと

　SQLインジェクション事件では，契約書上記載がない場合であっても，「（シ
ステムの発注を受けた）当時の技術水準に沿ったセキュリティ対策を施したプ
ログラムを提供することが黙示的に合意されていた」として，外部ITベンダー
に対して一定のセキュリティ対策を施す義務が認められている。そして，具体
的にどのような内容のセキュリティ対策を施す義務を負うかの認定にあたって
は，システム開発契約締結時点における当該攻撃手法に関する注意喚起・対策
の周知状況[49]等が考慮されている。

48　東京地判平26・1・23判時2221号71頁

　ECサイト運営事業者および外部ITベンダーとしては，無用な紛争を避けるため，ECサイトの構築・保守に係る契約を締結するにあたり，お互いの役割分担，すなわち「誰が」「どの範囲で」「どのようなセキュリティ対策を行うか（あるいは行わないか）」について，明確に文書化しておくことが重要である。

　なお，経済産業省とIPAがECサイトを活用する中小企業向けに必要となるセキュリティ対策と実践方法をとりまとめた「ECサイト構築・運用セキュリティガイドライン」[50]では，外部委託先事業者とECサイトの構築契約を締結する際に外部委託先事業者に提示する仕様書の具体例が紹介されているので参考になる。

②　合意した責任制限条項の適用が否定される場合があること

　システム開発契約においては，主に外部ITベンダー側が損害賠償責任を追及されることを避けるため，自らの損害賠償責任を免除あるいは制限する条項（以下「責任制限条項」という）を設ける場合がある。

　SQLインジェクション事件においても，外部ITベンダーが損害賠償責任を負う場合，「個別契約に定める契約金額の範囲内において損害賠償を支払う」旨の責任制限条項が合意されていた。しかし，裁判所は，被告（外部ITベンダー）が「権利・法益侵害の結果について故意を有する場合や重過失がある場合（その結果についての予見が可能かつ容易であり，その結果の回避も可能かつ容易であるといった故意に準ずる場合）」には責任制限条項は適用されないと判示した上で，外部ITベンダーの重過失を認め，契約金額以上の損害賠償責任を認めた。

　もっとも，重過失の場合の責任制限条項の有効性については議論がある（**第2章第3の1**(1)②参照）[51]。また，個別事案において重過失が認められるか否かの判断およびその見通しには困難が伴う。そのため，最終的に訴訟において適

49　SQLインジェクション事件では，経済産業省やIPAが，SQLインジェクション攻撃についての注意喚起を行っていたことや，周知していた個別の対策について，「必要である」と記載していたか，「望ましい」と記載していたかまで詳細に検討されている。

50　IPA・前掲注45）75頁

51　小粥太郎「第415条（債務不履行による損害賠償）」磯村保『新注釈民法(8)債権(1)』（有斐閣，2022年）565頁

用が認められない（あるいは無効と判断される）可能性は残るとしても，契約書に責任制限条項が盛り込まれていることにより，ECサイト運営事業者から外部ITベンダーへの損害賠償請求に対する抑止効果が期待できる。そこで，外部ITベンダーの立場としては，ECサイト運営事業者との契約締結にあたり責任制限条項を設けるべく交渉することが肝要といえる。

その上で，外部ITベンダーにおいては，責任制限条項の適用排除・無効の判断がされた場合であっても，軽過失による免責が認められるよう，公的機関等が発している注意喚起や脆弱性情報等を確認し，適切なセキュリティ対策を実施しておくことが必要となる。

③　ECサイト運営事業者側においてもセキュリティ対策に努める必要があること

SQLインジェクション事件では，ECサイト運営事業者のシステム担当者が，外部ITベンダーの説明からセキュリティ上はクレカ情報を保持しないほうがよいことを認識し，外部ITベンダーからそのためのシステム改修の提案を受けていながら，何ら対策を講じずにこれを放置したことがクレカ情報漏えいの一因となったとして，ECサイト運営事業者の過失を考慮し，3割の過失相殺を認めている。

上記の判断を踏まえると，外部ITベンダーとしては，自らの法的責任を軽減するためにも，セキュリティ対策について十分な説明や提案をすべきであり，他方でECサイト運営事業者としては，外部ITベンダーからECサイトのセキュリティ対策に関する提案を受けた場合，これを真摯に傾聴することが肝要である。

3　実務対応上の留意点

以下では，クレカ情報漏えい事案固有の実務対応上の留意点を記載する。一般的なインシデントレスポンスにおける留意点は**第1章**を参照されたい。

(1)　クレカ情報漏えいの発覚の端緒

　発覚の端緒としては2つ存在する。1つはECサイト運営事業者が不正アクセスを覚知する場合である。もう1つはクレジットカード会社がカードの不正利用をそのモニタリングシステムにおいて検知して，CPP（Common Purchase Point）という考えに基づき漏えい原因としての可能性が高いECサイトを特定しクレジットカード会社から当該ECサイト運営事業者に連絡が入るというものである。

　なお，CPPとは，以下の図4－22のとおりカードの不正利用被害にあった複数の会員について過去の利用歴を分析し，それぞれ過去の真正利用先を調査・特定して，そこから発見された共通の利用先であるECサイトがクレカ情報流出元の可能性が高いという考え方である。

　Webスキミングの場合，攻撃者は潜入したサーバ内で秘密裏にデータを窃取し続けるため，ECサイト運営事業者側でこれを検知することは困難となる。そこで，多くの場合はクレジットカード会社から通報を受けた決済代行会社

図4－22　CPP（Common Purchase Point）による情報流出元の特定

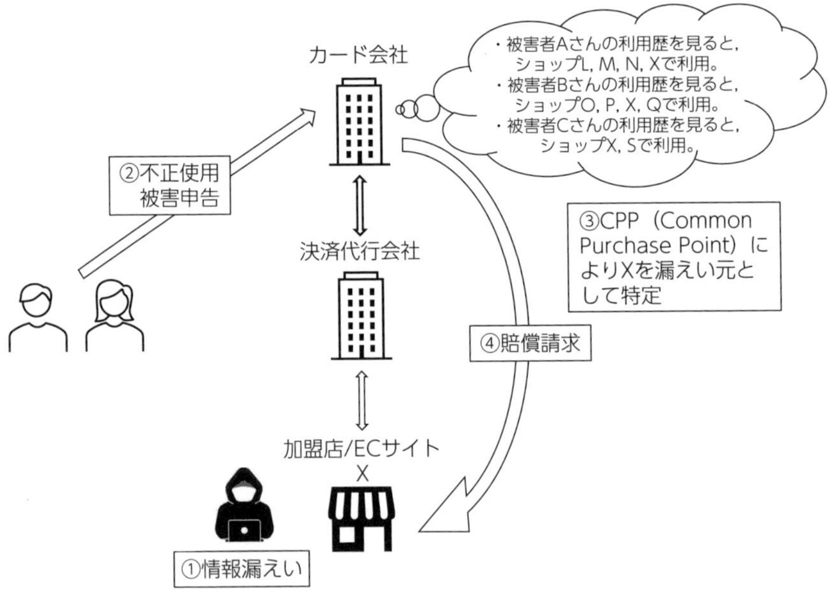

（PSP）からの連絡により判明する。

(2) クレカ情報漏えい時の初動対応

　ECサイトからのクレカ情報漏えい事案が発生すると，氏名，住所，生年月日，性別等の一般的な個人情報と比較して財産的な被害が大きくなりやすく，同サイト運営企業に対する信用の低下につながる可能性もあることから，事故後の初動対応を誤ると企業に深刻な被害が生じかねない。

　そこで，ECサイト運営事業者としては，実際にクレカ情報漏えい事案が発生した場合に速やかに対応できるよう，求められる初動対応についてあらかじめ理解しておくことが重要である。

　クレカ情報漏えい事案において，ECサイト運営事業者に求められる初動対応は，大きく分けて以下の3点である。なお，発覚の端緒がPSPからの連絡ではない場合（ECサイト運営事業者やその業務委託先において覚知した場合等）には，以下の対応に先んじて，ただちにPSPへ連絡することが必要となる。

---

① クレジットカード決済の停止
② フォレンジック調査の依頼
③ 個人情報保護委員会への報告（速報）

　この3点につき，以下で詳述する。

① クレジットカード決済の停止

　ECサイト運営事業者は，自社ECサイトからのクレカ情報漏えいの可能性についてPSPから連絡を受けた場合，まずは被害の拡大を防止するため，クレジットカード決済を停止することが必要である。ECサイト利用者が決済で利用するクレカ情報がその時点でもなお継続して窃取されている可能性があるからである。

　さらに，必要に応じて，ECサイト全体の一時停止（外部からのアクセス遮断）を行う場合もある。

②　フォレンジック調査の依頼

　クレカ情報の漏えい懸念が生じた場合，漏えいの有無，原因および被害範囲を正確に特定するため，専門技術に基づくフォレンジック調査の実施を調査会社に依頼する必要があるが，その調査前における注意事項として，証拠保全が挙げられる。

　PSPからは，証拠保全のため，調査の前にシステムの変更や操作は行わないよう要請を受ける。具体的に控えるべきとされている操作等は以下のとおりである。

- 各種の操作，特にroot権限によるもの
- シャットダウンや再起動
- クレカ情報やログ等のデータ削除
- アンチウイルスソフトを含む各種プログラムのインストールや実行

　ログ等のデータを削除してしまった場合，フォレンジック調査により漏えいの範囲が特定できない結果，考えられる最大漏えい件数をもって漏えい範囲としなければならないケースも存在する。

　フォレンジック調査を正確に実施できたほうが被害範囲をより正確に絞り込むことが可能になり，ひいては賠償責任を負うこととなる不正利用被害額の範囲の限定にもつながるため，証拠保全はECサイト運営事業者にとって極めて重要な初動対応となる。

　次に，調査会社にフォレンジック調査を依頼することになるが，クレカ情報漏えい事案では，フォレンジック調査を行う調査機関が原則として「PFI」に限られるという点に特殊性がある[52]。

52　クレジットカード業界のセキュリティ基準であるPCI DSS（Ver4.0）において，「Investigations into compromises of payment data are typically conducted by a PCI Forensic Investigator（PFI）.」（日本語版：支払データの漏洩に関する調査は，通常，PCI法科学捜査官（PFI）によって実施されます）と定められている。

　PFI（PCI Forensic Investigator）とは，国際カードブランドによって設立された独立機関「PCI SSC」が認定するフォレンジック調査会社である。PCI SSC（Payment Card Industry Security Standards Council）は，クレジットカードのセキュリティ基準の管理・運用を担っている。

　PFIの最新のリストは，PCI SSCのWebサイト[53]で確認することができる。

　このように調査を依頼できる調査機関が限定されていることに加え，近年クレカ情報漏えい事案が多発していることもあり，調査着手までに時間を要するケースも存在する。そのため，漏えいが発覚した際には速やかにPFIに連絡した上で契約を締結するという迅速な対応をとることが重要となる。

　ただし，国際カードブランドのルールや漏えい件数の規模によっては，例外的にPFI認定外調査会社に依頼することが可能な場合もある。

　一定の場合に調査を依頼できるPFI認定外調査会社は，少なくとも「QSA」であることが必要とされている。QSA（Qualified Security Assessors）とは，PCI DSS（Payment Card Industry Data Security Standard）準拠の訪問審査を行う，PCI SSCが認定した審査機関である。

　この場合でも，PFI認定外調査会社による調査ということで，調査結果等を踏まえた国際カードブランドの意向に基づき，事後的に国際カードブランドから追加調査（PFIによる再調査）を求められる可能性がある。その場合，調査費用および調査期間が倍増することになってしまう。そのため，調査機関の選定にあたってはPSPと綿密に協議の上進めることが実務上重要となる。

　調査対象となるサーバ数等にもよるが，フォレンジック調査自体は，着手から概ね1カ月以内に完了する。調査が完了すると，調査会社から調査結果をまとめたフォレンジックレポートが提出される。ECサイト運営事業者は，このレポートをPSPを通じてクレジットカード会社に提出することになる。

53　https://listings.pcisecuritystandards.org/assessors_and_solutions/pci_forensic_investigators

```
┌─────────────────────────────────────────────┐
│         ┌──────────────────────────┐         │
│         │    クレジットカード会社    │         │
│         └──────────────────────────┘         │
│                    ↓ ↑                        │
│         ┌──────────────────────────┐         │
│         │           PSP             │         │
│         └──────────────────────────┘         │
│ ①漏えい懸念の連絡，フォレンジッ  ↓ ↑ ④フォレンジックレポートの提出 │
│ ク調査の要請                                  │
│         ┌──────────────────────────┐         │
│         │    ECサイト運営事業者      │         │
│         └──────────────────────────┘         │
│ ②フォレンジック調査の依頼 ↓ ↑ ③フォレンジックレポートの提出 │
│   ┌──────────────────────────────┐           │
│   │ フォレンジック調査会社（PFI）  │           │
│   └──────────────────────────────┘           │
└─────────────────────────────────────────────┘
```

③　個人情報保護委員会への報告（速報）

　2022年4月1日施行の改正個情法の下では，ECサイトからクレジットカード番号を含む個人データが漏えいした場合，同法施行規則7条2号の「不正に利用されることにより財産的被害が生じるおそれがある個人データの漏えい等が発生し，又は発生したおそれがある事態」[54]，および同条3号の「不正の目的をもって行われたおそれがある個人データの漏えい等が発生し，又は発生したおそれがある事態」に該当し，また事案によっては同条4号の「個人データに係る本人の数が千人を超える漏えい等が発生し，又は発生したおそれがある事態」に該当することから，個人情報保護委員会への報告が必要となる（同法26条1項）。

　カード情報漏えい時の初動対応として特に重要なのが「速報」といわれるものであり，漏えいの発覚後，速やか（概ね3～5日以内）に報告する必要がある。

(3)　調査完了後の対応

　フォレンジック調査が完了すると，ECサイト運営事業者は，調査結果をもとに漏えい期間等についてクレジットカード会社と合意をし，合意すると，そ

54　個情法ガイドライン（通則編）3-5-3-1

の期間内にクレジットカード決済をした顧客のカード情報のリストがPSPより提供されることになる。そして，ECサイト運営事業者は，そのリストをもとに顧客への通知および公表を行う。また，警察への報告，調査結果を踏まえた個人情報保護委員会への報告（確報）等の対応も必要となる。

　クレジットカード会社においても，上記の手続により特定されたクレジットカード保有者を対象に，不正利用被害額およびカード再発行費用の補償対応をすることになる。

①　警察への被害申告

　警察への被害申告については，クレジットカード会社から実施の要請があり，対外公表文においても警察への被害申告日は必ず記載しなければならない項目とされていることから，クレカ情報漏えい事案では事実上必須となる。

②　個人情報保護委員会への報告（確報）

　クレカ情報漏えい事案の場合，個人情報保護委員会への「確報」については，漏えいの発覚から60日以内に行わなければならない（個情法施行規則8条2項）。

　クレカ情報漏えい事案では，漏えいの発覚から顧客への通知および公表までに数カ月以上かかる事案がほとんどであるため，確報を行う時点において，報告すべき事項のうち一部が判明していないケースが多い。そのように合理的努力を尽くしてもすべての事項を報告することができない場合には，その時点で把握している内容を報告し，判明次第，報告を追完することが許容されている[55]。

　個人情報保護委員会からは，フォレンジックレポートの提出を求められるとともに，ECサイトへの不正アクセスの場合には，クレジットカード決済を行った顧客の個人データ（クレカ情報）の漏えいのみならず，データベースサーバ内の個人データ（全顧客の個人データ）も漏えい（またはそのおそれ）が発生することがあることから，当該事案において，データベースサーバ内の個人

55　個情法ガイドライン（通則編）3-5-3-4

データの漏えい（またはそのおそれ）があるかどうかについても報告するよう求められることが多い。そこで，ECサイト運営事業者としては，調査を実施したフォレンジック調査会社にその点を確認した上（フォレンジックレポートには明記されていないこともある），個人情報保護委員会へ報告することになる。

③　顧客への通知および公表

　現状，クレカ情報漏えい事案が発生した場合の業界ルールでは，クレジットカード会社（イシュアー）が対象顧客を把握し，対象顧客からの問い合わせ対応を準備した上で個別の通知，公表を行うことが顧客の混乱回避と事態の早期収束に資するとして，通知・公表の内容，タイミング，方法等についてクレジットカード会社（イシュアー）またはPSPと調整することが求められる。そのため，クレカ情報漏えい事案では，実務上，漏えいの発覚時点から実際に利用者に個別通知または公表されるまでの期間が一般的なサイバー攻撃の事案と比べて長くなる傾向にある。なお，通知・公表のタイミングは，通知・公表の内容についてクレジットカード会社（イシュアー）の承認を得た日から5営業日ないし10営業日後で，かつECサイト運営事業者が対象顧客のカード情報のリストの提供をPSPから受けた日から概ね1カ月以内に実施するようクレジットカード会社（イシュアー）から求められることが多い。また，顧客からの問い合わせが多い時期にクレジットカード会社が休みの土日が到来するとトラブルを招く可能性があるという理由から，通知・公表は週の前半に行うことが推奨され，逆に週末における通知・公表は避けることが推奨されている。

　もっとも，経済産業省が2022年8月に立ち上げた有識者会議「クレジットカード決済システムのセキュリティ対策強化検討会」では，利用者の不正利用被害拡大防止の観点から，利用者への個別通知・公表の早期化に向けた検討が行われた[56]。実際，現状においても，内容についてクレジットカード会社（イシュアー）と調整の上，調査前もしくは調査期間中にクレカ情報漏えいが懸念

56　「クレジットカード決済システムのセキュリティ対策強化検討会　報告書」（2023年1月20日）（https://www.meti.go.jp/shingikai/mono_info_service/credit_card_payment/pdf/20230120_1.pdf）

される顧客へ第一報として通知・公表した例は存在する。

　次に通知方法についてみると，クレカ情報漏えい事案の場合，顧客への通知は電子メールを配信する方法で行う場合が多い。この点，メールアドレスの変更等により電子メールが届かなかった顧客への対応が問題となるが，個情法ガイドライン（通則編）3-5-4-5において，本人への通知を要する場合であっても，本人への通知が困難である場合は，事案の公表等の本人への権利利益を保護するために必要な代替措置を講ずることによる対応が認められているところ，個情法QA6-27では，「本人への通知に関し，複数の連絡手段を有している場合において，1つの手段で連絡ができなかったとしても，直ちに『本人への通知が困難である場合』に該当するものではありません。例えば，本人の連絡先として，住所と電話番号を把握しており，当該住所へ書面を郵送する方法により通知しようとしたものの，本人が居住していないとして当該書面が還付された場合には，別途電話により連絡することが考えられます」とされていることから，書面の郵送や電話による本人への伝達といった手段を検討する必要があると考えられる。

　また，上記②のとおり，クレジットカード決済を行った顧客のクレカ情報の漏えいのみならず，データベースサーバ内の個人データ（全顧客の個人データ）も漏えいしたおそれがある場合には，かかる個人データも個情法上の対応の対象となることから，対外公表文に記載する個人データの項目に追記する，通知を送るべき対象に加えるなどの対応が必要となる。なお，データベース内の個人データとして顧客が当該ECサイト（内の会員サイト）にログインするためのパスワードが漏えいしたおそれがある場合には，通知・公表の内容をチェックしたクレジットカード会社から，パスワードリセットを実施したかどうかを質問されることがあるため，パスワード漏えいによる二次被害の防止策についても検討しておく必要がある。

　加えて，ECサイト運営事業者が上場企業である場合には，公表にあたり適時開示（有価証券上場規程402条）を行うか否かの検討も必要となる。

④　公表・通知後の問い合わせ対応

　クレカ情報漏えい事案では，クレジットカード会社の要請から，電話とメー

ルアドレス等，２つ以上の問い合わせ窓口を設置することが必要となる。

　そして，通知・公表直後の数日はユーザーからの問い合わせが多いため，通知・公表直後は土日祝日も問い合わせ窓口の受付を実施するよう求められるのが一般的である。

　利用明細に身に覚えのない利用が含まれていたユーザーおよびクレジットカードの差替えを希望するユーザーに対しては，基本的にクレジットカード裏面に記載の電話番号に問い合わせるよう誘導することになる。各クレジットカード会社（イシュアー）のホームページにおいても，漏えい元ECサイトでの公表と同じタイミングで，当該サイトにおけるクレカ情報漏えい事案の発生について告知されることが多い。

　また，漏えい発生を受け，個情法33条１項または同法35条を根拠にECサイト運営事業者が保有する個人データの開示または利用停止等を請求するユーザーも存在する。こうしたユーザーに対しては，個情法に基づく適切な対応の実施が求められる。

　さらに，ECサイト運営事業者が，当該ECサイトとは別に，楽天市場等のショッピングモールでネットショップを出店している場合，ECサイトからのクレカ情報漏えいを公表すると，同ショッピングモールの運営会社から，情報漏えいの経緯や原因，当該ショッピングモールの顧客情報の漏えいの有無等に関して回答を求められることがある。これについては回答期限が短いこともある（期限までに回答しないと出店停止もありうる）ため注意が必要である。

⑤　クレジットカード会社（イシュアー）からの賠償請求対応

　一般的には，対外公表日から３カ月後の月末までの①不正利用分，②カード再発行手数料，③その他費用を対象に，対外公表日から５カ月後の月末を目処にクレジットカード会社（イシュアー）から請求があるため，ECサイト運営事業者としては，その請求内容を確認の上，支払を行うことになる。請求は，クレジットカード会社（イシュアー）ごとに直接ECサイト運営事業者に対して請求書が送付される形でなされる。

　カード再発行手数料は，１枚2,000円前後であることが多い。同手数料は，不正利用が発生したユーザーに限らず，クレジットカードの差替えを希望した

ユーザー分発生するが，請求漏れおよびカードを解約するユーザーもいることから，漏えい件数分発生するわけではない。

⑥　その他の対応

クレカ情報漏えい事案においては，クレジットカード会社を所管する経済産業省によるヒアリングが実施されるケースも存在する。

(4)　再発防止対応

ECサイト運営事業者としては，フォレンジック調査の結果であるフォレンジックレポートから情報漏えいの原因を確認し，再発防止策を講じることになる。

その上でECサイト運営事業者は，フォレンジックレポートで脆弱性が指摘された部分や，漏えいの原因になったと考えられる部分等についての対策内容を記載した報告書や，「SAQ（Self-Assessment-Questionnaire）」というPCI DSSに則った自己問診票等をPSPと協議しながら作成・提出することになる。クレジットカード会社（アクワイアラー）にてこれらの提出資料に基づき再開審査が行われ，クレジットカード会社（アクワイアラー）の承認が下りれば，クレジットカード決済が再開となる。

以上のとおり，クレカ情報漏えい事案において，再発防止対応はクレジットカード決済の再開のために必須の対応となる。

なお，フォレンジックレポートで脆弱性が指摘された部分や，漏えいの原因になったと考えられる部分についての対策（フォレンジックレポートでは「勧告事項」として記載されることがある）は，個人情報保護委員会との関係でも報告を求められ（個情法施行規則8条1項8号参照），仮にその部分について対策を実施しない場合には，実施しない合理的な理由が必要となろう。

(5)　平時からの対応（技術的な対策）

近年におけるECサイトへの攻撃傾向を踏まえると，ECサイト運営事業者としては以下のセキュリティ対策の実施・導入を検討すべきといえる。

①　ECサイトの脆弱性診断，定期的なソフトウェアのアップデート

　上記1(3)②のとおり，ECサイトで見られるサイバー攻撃の手口としては，XSSの脆弱性といったECサイトの脆弱性を悪用した攻撃が主流となっていることから，ECサイトの脆弱性診断の実施，使用しているソフトウェアの定期的なアップデートの実施等により，脆弱性を放置せずに解消することが一次的な対策となる。

②　WAF（Web Application Firewall）の導入

　もっとも，脆弱性を発見できていない場合や，何らかの都合ですぐに修正を行えない場合も考えられる。そのような場合には，WAF（Web Application Firewall）の導入が有効な手段となる。

　WAFは，WAFを導入したWebサイト運営者が設定する検出パターンに基づいて，Webサイトと利用者間の通信の中身を機械的に検査することにより，脆弱性を悪用した攻撃からWebアプリケーションを防御する，脆弱性を悪用した攻撃を検出するといった機能を有する。

　個人情報保護委員会が2021年8月に実施した実態調査[57]によると，不正アクセスを受けたECサイト運営事業者71社のうち40社（56％）が，その後の再発防止策として，WAF等のセキュリティ製品を導入したと回答している。

③　CSP（Content Security Policy）の導入

　上記のとおり脆弱性管理を徹底する，WAFを導入するといった対策を行うことは重要である。ただし，これらの対策を回避する攻撃手法も確認されている。その対策の1つとしてCSP（Content Security Policy）が挙げられる。CSPとは，サーバからのレスポンスにContent-Security-Policyヘッダーを設定することで，ブラウザに対し，設定したルールに沿ってスクリプトの読み込みや実行等の制限をかけることができる技術である。

　CSPを活用することで，ECサイトのユーザーに対して，ECサイト管理者が

57　個人情報保護委員会・前掲注36)　9頁

想定していない宛先との通信を防止することができ，これにより，注文者のブラウザから攻撃者に対するクレカ情報の送信を防止することが可能となる。ただし，CSPの導入はアプリケーションの動作に影響する可能性があるため，導入しても問題がないことを事前に確認しておく必要はある。

④　その他

上記1(3)②のとおり，ECサイトの管理画面への不正ログインの成功がECサイトの改ざんにつながることから，ECサイトの改ざんを防ぐためには，管理画面に対する不正アクセスを防ぐことも重要である。具体的には，管理画面へのアクセス制限の設定，推測されにくいログインパスワードの設定，（設定が可能な場合）管理者ログインへの多要素認証の導入等の対策が挙げられる。

(6)　今後ECサイト運営事業者において必要となる対応

上記1(2)②で説明した「クレジットカード・セキュリティガイドライン」は2023年3月の改訂にあたり，ECサイトでのクレジットカードの不正利用防止に向け，2025年3月末までに，原則，すべてのEC加盟店に，購入者がカード所有者本人であることを複数手段で認証する「EMV-3Dセキュア」と呼ばれるシステム規格の導入を求めることとした[58]。EMV-3Dセキュアは，ECサイトでの購入の際，カード所有者本人であることの確認としてパスワードの入力等，複数の認証を行い，セキュリティ効果を高めるものである。

従来の3Dセキュア（3Dセキュア1.0）は，すべての取引においてユーザーが設定したパスワードによる認証が必要なため，パスワードを忘れたユーザーや入力が面倒になったユーザーが手続の途中で離脱してしまう「カゴ落ち」のリスクが高く，それを懸念する加盟店が採用をためらうという問題があった。他方，次世代規格のEMV-3Dセキュア（3Dセキュア2.0）は，様々なデータをもとにシステムが「不正利用のリスクが高い」と判定した場合のみ追加の認証を求める仕様になっており，加盟店にとって比較的導入しやすい方式といえる。

58　クレジット取引セキュリティ対策協議会「クレジットカード・セキュリティガイドライン【4.0版】」（2023年3月14日改訂）38頁
　　https://www.j-credit.or.jp/security/pdf/Creditcardsecurityguidelines_4.0_published.pdf

　上記1(2)②で述べたとおり，同ガイドラインは割賦販売法35条の16に基づき加盟店に課される義務を具体化するものであるため，同ガイドラインの改訂に伴いECサイト運営事業者はEMV-3Dセキュア対応を迫られることになる。

補章　用語集

＜A～Z＞

用語	解説
CSIRT （シーサート）	Computer Security Incident Response Team（企業等組織内の情報漏えい，不正侵入等のセキュリティインシデントの調査と対応活動を行うチーム・組織）の略。 CSIRTの役割にはインシデント発生後の対応である「事後対応」だけでなく，未然に防ぐための「事前対応」も含まれる。組織内外で発生したインシデント情報を収集・蓄積することで，適切な対応を検討・実施する。
C&Cサーバ	Command and Control serverの略。サイバー攻撃等の実行にあたり，マルウェアに感染したコンピュータ群が構築するネットワーク（ボットネット）を制御したり，指令を出したりする役割を果たすサーバのこと。
EDR	Endpoint Detection and Responseの略。パソコンやサーバといったエンドポイントで不正な振る舞いを検出して，感染した後の対応を迅速に行うことを目的とした製品のこと。従来のセキュリティ対策ソフトは，マルウェア等からエンドポイントを守ることを目的としているのに対し，EDRは侵入されることを想定しており，エンドポイントでの異常な振る舞いを検知する。セキュリティ対策ソフトと組み合わせて利用することが一般的である。
Emotet	感染した端末に，トロイの木馬やランサムウェア等の他のマルウェアをダウンロードさせたり，感染した端末から窃取した情報を元に，さらに他の端末へEmotetの感染を広げたりする挙動（Emotetの含まれるファイルが添付されたメールを送信する等）を持つマルウェア。
IPアドレス （アイ・ピー・アドレス）	コンピュータをネットワークで接続するために，それぞれのコンピュータに割り振られた一意の数字の組み合わせのこと。IPアドレスは，127.0.0.1のように0～255までの数字を4つ組み合わせたもので，単にアドレスと略されることがある。 現在主に使用されているこれらの4つの数字の組み合わせによるアドレス体系は，IPv4（アイ・ピー・ブイフォー）と呼ばれている。また，今後情報家電等で大量にIPアドレスが消費される時代に備えて，次期規格として，IPv6（アイ・ピー・ブイシックス）と呼ばれるアドレス体系への移行が進んでいる。
PCI DSS	Payment Card Industry Data Security Standardの略。クレジットカード会員データを安全に取り扱うことを目的として策定された，クレジットカード業界のセキュリティ基準。 国際カードブランド5社（American Express, Discover,

	JCB，MasterCard，VISA）が共同で設立した団体であるPCI SSC（Payment Card Industry Security Standards Council）によって運用・管理される。
RaaS （ラース）	Ransomware as a Serviceの略。身代金要求型の不正プログラムであるランサムウェアをサービスとして取引するビジネスモデルのこと。ランサムウェアの作成者が販売業者と提携し，低価格なライセンス料でランサムウェアを悪意のある利用者に提供・販売する。ランサムウェア製造ノウハウのない悪意のある利用者がランサムウェアを利用して攻撃を実行することが可能になってしまうため，近年のランサムウェア攻撃の増加につながっている。
SQLインジェクション	SQLとは，データベースを操作するためのプログラミング言語のこと。インターネットのWebサイト等の入力画面に対して，直接SQL命令文の文字列を入力することで，データベースに不正アクセスを行い，情報の入手や，データベースの破壊，Webページの改ざん等を行うこと。これはWebアプリケーションにおけるエスケープ処理が適切に行われていない脆弱性を狙った攻撃で，最近では，SQLインジェクションによる情報漏えい事件や，Webページの改ざんにより正規のWebサイトにウイルスを埋め込まれる事件が増加している。
VPN （ブイピーエヌ）	Virtual Private Networkの略。インターネットその他の公衆回線を，あたかも専用線であるかのように利用できるサービス。パケットに新たにヘッダーを付け加えることでカプセル化し通信を行っている。また，カプセル化だけでは，内容の盗聴，改ざんの可能性があるため通信内容を暗号化している場合が多い。
WAF/Web Application Fire Wall （ウェブアプリケーションファイアウォール。WAF。）	Webアプリケーションに対して行われる外部との通信を監視し，脆弱性への攻撃や情報の窃取等を防御するファイアウォール。一般的なファイアウォールがネットワークレベルで監視しているのに対し，WAFはアプリケーションレベルでの監視を行い，SQLインジェクション等を防ぐことができる。

＜ア～ン＞

用語	解説
ウイルス	他のコンピュータに勝手に入り込んで，意図的に何らかの被害を及ぼすように作られたプログラムのこと。ディスクに保存されているファイルを破壊したり，個人情報等を盗んだりすることもある。また感染経路として，ウイルスは，インターネットからダウンロードしたファイルや，他人から借りたCDメディアや，USBメモリ，電子メールの添付ファイル，ホームページの閲覧等，を媒介して感染する。ウイルスにはウイルス対策ソ

	フトでは検出・駆除できないものもあり，ウイルスに感染したことに気づかずにコンピュータを使用し続けるとウイルス自身が自分を複製する仕組みを持っていた場合には，他のコンピュータにウイルスを感染させてしまう危険性もある。
クロスサイトスクリプティング/XSS	入力欄のあるWebページで，入力した内容をそのままブラウザに送り返してしまうような仕組みを持つ脆弱性のことをいう。入力情報のチェックに不備があると，悪意のあるスクリプトを含むWebページが生成される。このページを閲覧した際にブラウザ上でスクリプトが実行されてしまい，Cookie情報が盗まれたり，偽の情報が表示されたりするなどの被害が考えられる。他のWebサーバに悪意のあるスクリプトを含むWebページを用意しておき，この脆弱性を利用してリンクを設定し誘導することが可能なことから，クロスサイトスクリプティングと命名された。
サプライチェーン攻撃	サプライチェーンとは，原材料や部品を調達して販売するまでの，供給から配給の一連の流れのこと。サプライチェーン攻撃とは，ある企業を足がかりに，サプライチェーンに関わる企業全体にマルウェア等を紛れ込ませて侵入・攻撃する手法。大手企業や政府機関等は高度なセキュリティ対策が施されており，簡単に攻撃することができない。そこで，比較的セキュリティ対策が弱い中小企業をターゲットとして，利用しているソフトウェア等にマルウェアを紛れ込ませることで，関連会社を経由してターゲット企業に攻撃を行う。
脆弱性	コンピュータやネットワークにおいて，情報セキュリティ上の問題となる可能性がある弱点のこと。多くの場合は，OSやソフトウェアのセキュリティホールが脆弱性となる。また，設定ミスや管理体制の不備等も脆弱性の1つとなることがある。これらの脆弱性が具体的な脅威と結び付くと，情報セキュリティのインシデントが発生してしまうことになる。
ソースコード	CPUが直接実行できる機械語等に変換する前の，プログラミング言語で記述した状態のプログラム。ソフトウェアの設計図に該当するもの。ソースプログラムとも呼ばれる。
ダークウェブ	Google等の通常の検索エンジンでは見つけられず，閲覧するために特殊なツールを要するウェブサイト。
デジタルフォレンジック	犯罪の立証のための電磁的記録の解析技術およびその手続のこと。コンピュータ，通信機器および携帯電話機等のデータが対象となる。一般的には，コンピュータ等におけるインシデント対応や内部監査等に関する証拠保全，分析技術および手続全般を指す場合もある。
ドメイン	インターネット上で接続しているネットワークに設定される名前のこと。本来ドメインは，IPアドレスという数字の範囲に

	よって管理されているが，IPアドレスは人間にとって判別が困難であるため，"ykm-law.jp."のようにドメイン名で記述できるようになっている。ユーザーは，このドメイン名をパソコン等から入力し，DNS（Domain Name System）サーバにより，IPアドレスに変換することによって，インターネット上での通信が可能となる。
トロイの木馬	コンピュータの内部に潜伏して，システムを破壊したり，外部からの不正侵入を助けたり，そのコンピュータの情報を外部に発信したりするプログラム。
バックドア	外部からコンピュータに侵入しやすいように，"裏口"を開ける行為，または裏口を開けるプログラムのこと。このプログラムが実行されてしまうと，インターネットを経由してコンピュータを操作されてしまう可能性がある。なお，一部のウイルスでは，感染時にバックドアを埋め込むことがある。
ファイアウォール	外部のネットワークと内部のネットワークを結ぶ箇所に導入することで，外部からの不正な侵入を防ぐことができるシステムのこと。またはシステムが導入された機器。ファイアウォールには"防火壁"の意味がある。火災のときに被害を最小限に食い止めるための防火壁から，このように命名されている。
フィッシング	実在の金融機関（銀行やクレジットカード会社），ショッピングサイト等を装った電子メールを送付し，これらのホームページとそっくりの偽のサイトに誘導して，住所，氏名，銀行口座番号，クレジットカード番号等の重要な情報を入力させて詐取する行為のこと。
踏み台	不正侵入の中継地点として利用されるコンピュータのこと。他人のコンピュータに侵入するときに，直接自分のコンピュータから接続すると，接続元のIPアドレスによって，犯人が特定されてしまう可能性がある。そこで，いくつかのコンピュータを経由してから，目的のコンピュータに接続することで，犯人が自分のコンピュータを探しにくくしている。このように，現実的な被害はないが，不正侵入の中継地点としてのみ利用されるコンピュータのことを踏み台という。
ブルートフォース攻撃	主にパスワードの割り出しに用いられる手法。文字，数字，記号のすべての組み合わせをしらみ潰しに試行する。具体的には，a,b,c...,zのように，1文字から順番に試行する。
マルウェア	マルウェアとは，「Malicious Software」（悪意のあるソフトウェア）を略したもので，様々な脆弱性や情報を利用して攻撃をするソフトウェア（コード）の総称である。コンピュータウイルスと同じ意味で使われるが，厳密にはさらに広義な用語として使われている。ウイルスのほか，ワーム，スパイウェア，アドウェア，フィッシング，ファーミング，スパム，ボット，

	キーロガー（キーストロークロガー），トロイの木馬，論理爆弾等，様々な種類のマルウェアが存在している。
ランサムウェア	「Ransom（身代金）」と「Software（ソフトウェア）」を組み合わせて作られた用語で，コンピュータウイルスの一種。感染するとパソコン内に保存しているデータが勝手に暗号化されて使えない状態になったり，スマートフォンが操作不能になったりする。その制限を解除するための身代金を要求する画面を表示させるというウイルスである。

索　引

【編著者紹介】
八雲法律事務所
サイバーセキュリティ法務に特化した法律事務所。八雲Security & Consulting株式会社とともに企業のサイバーセキュリティ体制構築支援やサイバー攻撃を受けた際のインシデントレスポンス支援を専門とする。

【執筆者紹介】
山岡裕明（やまおか・ひろあき）
八雲法律事務所　弁護士　情報処理安全確保支援士
University of California, Berkeley, School of Information修了（Master of Information and Cybersecurity（修士））。内閣サイバーセキュリティセンター（NISC）タスクフォース構成員（2019年〜2020年，2021年〜2022年），総務省＝経済産業省＝警察庁＝NISC「サイバー攻撃被害に係る情報の共有・公表ガイダンス検討会」検討委員（2022年〜）。関連論考として「サイバーリスクと商事法務」旬刊商事法務2317号〜2319号（2023年）

菊地康太（きくち・こうた）
八雲法律事務所　弁護士　情報処理安全確保支援士　宅地建物取引士　マンション管理士
慶應義塾大学法学部法律学科卒業，京都大学法科大学院中退。慶應義塾大学法学部非常勤講師（商法演習）（2018年〜）。

笠置泰平（かさぎ・たいへい）
八雲法律事務所　弁護士
九州大学法学部卒業，中央大学法科大学院修了。国土交通省大臣官房監察官（2014年〜2017年），公正取引委員会事務総局審査局審査専門官（主査）（2017年〜2019年）。関連論考として「サプライチェーンにおけるサイバーセキュリティ体制構築上の法的留意点」旬刊経理情報2023年2月10日号

千葉哲也（ちば・てつや）
八雲法律事務所　弁護士　情報処理安全確保支援士
一橋大学法学部卒業，中央大学法科大学院修了。税務大学校非常勤講師（商法演習）（2021年〜2022年）。関連論考として「サイバーリスク関連情報開示の実務ポイント」旬刊経理情報2023年5月10日号

町田力（まちだ・つよし）
八雲法律事務所　弁護士
慶應義塾大学法学部卒業，慶應義塾大学法科大学院修了。税務大学校非常勤講師（商法演習）（2022年〜）。関連論考として「ECサイトからのクレジットカード情報漏えい事案における法的留意点（上）（下）」ビジネス法務2023年1月号・2月号，「サイバーセキュリティ対策を目的としたログ管理の法的留意点−労働法を中心として」ビジネス法務2023年11月号

阿部通子（あべ・みちこ）

八雲法律事務所　弁護士　システム監査技術者
国際基督教大学教養学部理学科卒業，東京大学法科大学院修了。
システムエンジニアを経て現職。

上野浩理（うわの・ひろただ）

八雲法律事務所　弁護士
筑波大学社会・国際学群社会学類卒業，山梨学院大学法科大学院修了。検事（2014年〜2023年），東京，松山，鹿児島各地方検察庁，大阪地方検察庁（刑事部，特別捜査部，公安部）。

星野悠樹（ほしの・ゆうき）

八雲法律事務所　弁護士
中央大学法学部卒業，慶應義塾大学法科大学院中退。使用者側人事労務のブティック系法律事務所を経て現職。経営法曹会議会員（2016年〜）。関連論考として「サイバーセキュリティ対策を目的としたログ管理の法的留意点－労働法を中心として」ビジネス法務2023年11月号

長野英樹（ながの・ひでき）

八雲法律事務所　弁護士
中央大学法学部卒業，中央大学法科大学院修了。

柏原陽平（かしはら・ようへい）

八雲法律事務所　弁護士　情報処理安全確保支援士
関西学院大学法学部卒業，中央大学法科大学院修了。
総合商社を経て現職。税務大学校非常勤講師（商法演習）（2023年）。関連論考として「サイバーリスク関連情報開示の実務ポイント」旬刊経理情報2023年5月10日号

畔柳泰成（くろやなぎ・たいせい）

八雲法律事務所　弁護士　情報処理安全確保支援士
京都大学法学部卒業，京都大学法科大学院修了。関連論考として，一般社団法人全国信用組合中央協会機関誌「しんくみ」にて，「金融機関とサイバーセキュリティ」を隔月連載（2023年）。セキュリティ認証取得コンサルタントとしても活動。

小林尚通（こばやし・なおみち）

八雲法律事務所　弁護士　宅地建物取引士
中央大学法学部法律学科卒業。

実務解説　サイバーセキュリティ法

2023年12月15日　第1版第1刷発行

編著者	八 雲 法 律 事 務 所
発行者	山　　本　　　　継
発行所	㈱中 央 経 済 社
発売元	㈱中央経済グループ パ ブ リ ッ シ ン グ

〒101-0051　東京都千代田区神田神保町1‐35
電話　03 (3293) 3371 (編集代表)
　　　03 (3293) 3381 (営業代表)
https://www.chuokeizai.co.jp
印刷／㈱堀 内 印 刷 所
製本／有井 上 製 本 所

Ⓒ 2023
Printed in Japan

インターネット権利侵害者の
調査マニュアル

八雲法律事務所 [編]

山岡裕明／杉本賢太／千葉哲也 [著]

A5判／140頁

　昨今増加しているネット・SNS上の誹謗中傷などの権利侵害者を特定する方法を解説。WHOIS検索などを活用した技術的手法や弁護士照会などの法的アプローチをフォロー。

本書の内容

第1章　基礎編
技術的アプローチ／法的アプローチ
第2章　実践編
事例別調査手法／
第3章　書式集
CDNサービスに対する仮処分手続など

中央経済社